Prüfungstraining

Start Deutsch 1

von Dieter Maenner

 Audios online verfügbar unter cornelsen.de/webcodes. **Code: tekuqa**

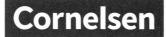

Impressum

Prüfungstraining
Start Deutsch 1

Im Auftrag des Verlages erarbeitet von Dieter Maenner

Lektorat und Redaktion: Joachim Becker,
Gunther Weimann (Projektleitung)

Illustrationen: Andreas Terglane
Umschlaggestaltung: hawemannundmosch, bureau für gestaltung, Berlin
Layout und technische Umsetzung: Andrea Päch, Berlin

Symbole

 `2` Hörtext auf CD, Track 2

www `79` Hörtext im Internet unter
cornelsen.de/webcodes
Code: tekuqa

www.cornelsen.de

Die Webseiten Dritter, deren Internetadressen in diesem Lehrwerk angegeben sind, wurden vor Drucklegung sorgfältig geprüft. Der Verlag übernimmt keine Gewähr für die Aktualität und den Inhalt dieser Seiten oder solcher, die mit ihnen verlinkt sind.

1. Auflage, 6. Druck 2020

Alle Drucke dieser Auflage sind inhaltlich unverändert und können im Unterricht nebeneinander verwendet werden.

Druck: Athesiadruck GmbH

ISBN 978-3-06-020747-3

 PEFC zertifiziert
Dieses Produkt stammt aus nachhaltig bewirtschafteten Wäldern und kontrollierten Quellen.
www.pefc.de
PEFC/18-31-166

Liebe Deutschlernerin, lieber Deutschlerner,

mit diesem Buch können Sie sich auf die Prüfung *Start Deutsch 1* vorbereiten.

Die Prüfung Start Deutsch 1 hat zwei Teile:

eine schriftliche Einzelprüfung   Zeit: 65 Minuten

mit den Teilen

- Hören   Zeit: 20 Minuten
- Lesen   Zeit: 25 Minuten
- Schreiben   Zeit: 20 Minuten

und eine mündliche Gruppenprüfung   Zeit: ca. 15 Minuten.

In diesem Buch möchten wir Ihnen die Prüfung vorstellen und viele Tipps geben.

Danach finden Sie Übungen zum Wortschatz für die Prüfung.

Zum Schluss finden Sie drei weitere Modelltests.

Wir wünschen Ihnen viel Spaß und Erfolg bei der Vorbereitung auf die Prüfung und natürlich bei der Prüfung selbst. Wir hoffen, dass das Prüfungstraining Ihnen hilft.

Inhalt

Inhalt

Start Deutsch 1: die Prüfungsteile

In der Prüfung werden Hören, Lesen, Schreiben und Sprechen geprüft.

Testteil	Aufgabe	Punkte	Zeit
Hören		15	20 Minuten
Hören 1	Sie hören sechs kurze Gespräche. Es gibt sechs Fragen zu den Gesprächen. Was ist richtig? Sie müssen jedes Mal a, b oder c ankreuzen. Sie hören die Gespräche zweimal.	6	
Hören 2	Sie hören Durchsagen am Lautsprecher. Es gibt vier Aussagen zu den Hörtexten. Was ist richtig? Sie müssen jedes Mal Richtig oder Falsch ankreuzen. Sie hören die Texte nur einmal.	4	
Hören 3	Sie hören Ansagen am Telefon. Es gibt fünf Aussagen zu den Ansagen. Was ist richtig? Sie müssen jedes Mal a, b oder c ankreuzen. Sie hören die Gespräche zweimal.	5	
Lesen		15	25 Minuten
Lesen 1	Sie lesen zwei kurze Texte, zum Beispiel E-Mails oder Notizzettel. Es gibt fünf Aussagen zu den Texten. Was ist richtig? Sie müssen jedes Mal Richtig oder Falsch ankreuzen.	5	
Lesen 2	Sie lesen zehn Anzeigen aus dem Internet oder aus der Zeitung. Es gibt fünf Aufgaben. Zu jeder Aufgabe gibt es zwei Anzeigen. Sie müssen ankreuzen, welche Anzeige passt.	5	
Lesen 3	Sie lesen Informationen, Schilder oder Aushänge und fünf Aussagen zu den Informationen. Sie müssen jedes Mal Richtig oder Falsch ankreuzen.	5	

Schreiben		15	20 Minuten
Teil 1	Sie sollen fünf Punkte in einem Formular ergänzen. Dazu bekommen Sie einen Text mit Informationen.	5	
Teil 2	Sie sollen eine kurze Mitteilung schreiben.	10	

Mündliche Prüfung / Sprechen		15	ca. 15 Minuten ca. 4 Minuten pro Teilnehmer
Teil 1	Sie stellen sich vor. Sie sprechen mit dem Prüfer / der Prüferin.	3	
Teil 2	Sie stellen Fragen und antworten auf Fragen. Sie sprechen mit Ihrem Partner / Ihrer Partnerin.	6	
Teil 3	Sie bitten um etwas und antworten auf Bitten. Sie sprechen mit Ihrem Partner / Ihrer Partnerin.	6	

Alle Punkte werden mit 1,66 multipliziert.

Hören   15 x 1,66 = 25
Lesen   15 x 1,66 = 25
Schreiben   15 x 1,66 = 25
Sprechen   15 x 1,66 = 25

Insgesamt können Sie also 100 Punkte bekommen.
Um die Prüfung zu bestehen, brauchen Sie mindestens 60 Punkte.

Hören   20 Minuten

Dieser Test hat drei Teile.
Sie hören kurze Gespräche, Durchsagen und Ansagen (Informationen) am Telefon. Zu jedem Text gibt es eine Aufgabe. Sie dürfen keine Hilfsmittel (zum Beispiel Wörterbücher, Handys, Notizen) benutzen.

Wichtig: Sie müssen die richtige Lösung auch auf dem Antwortbogen (S. 155 – 158) ankreuzen oder markieren: Goethe-Institut $\boxed{X}$,   TELC ⬭ .

Es gibt 15 Aufgaben. Jede richtige Lösung gibt einen Punkt. Sie können 15 Punkte bekommen. Die Zahl 15 wird dann mit 1,66 multipliziert. Sie können also 25 Punkte bekommen (15 x 1,66).

Hören Teil 1

Was sollen Sie tun?

Sie hören in der Prüfung sechs kurze Gespräche. Zu jedem Gespräch gibt es eine Frage und drei Antworten: $\boxed{a}$, $\boxed{b}$ und $\boxed{c}$. Kreuzen Sie an: Welche Antwort ist richtig? Sie hören jedes Gespräch zweimal.

👣 Schritt 1: Lesen Sie zuerst die Frage und die Antworten.

Beispiel

Wo können Sie sich anmelden?

$\boxed{a}$ In Zimmer 16. $\boxed{b}$ In Zimmer 116. $\boxed{c}$ In Zimmer 161.

Schritt 2: Was ist das Thema? Was ist die Situation? Unterstreichen Sie wichtige Wörter.

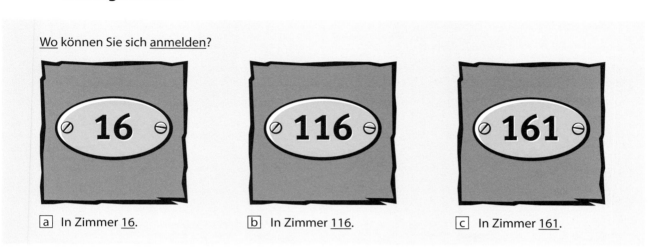

Wo können Sie sich anmelden?

a In Zimmer 16. b In Zimmer 116. c In Zimmer 161.

Schritt 3: Sie hören den Text zweimal. Achten Sie auf die unterstrichenen Wörter. Kreuzen Sie an: Was ist richtig: a , b oder c ?

Lösung

Wo können Sie sich anmelden?

a In Zimmer 16. b In Zimmer 116. ☒ In Zimmer 161.

Situation: Bei einer Anmeldung. Wichtig im Hörtext ist also die Antwort auf die Frage: *Wo können Sie sich anmelden?* Sie müssen die Zimmernummern richtig verstehen.

Hörtext
- *Ach, Entschuldigung, wo finde ich die Anmeldung für die Deutschkurse? Ist das nicht in Zimmer 116?*
- ▶ *Nein, das stimmt nicht. Die Zimmernummer ist 161.*
- *Also 161. Vielen Dank.*

Im Hörtext hören Sie *116* und *161*, die Anmeldung ist in Zimmer 161. c ist richtig.

Lösen Sie jetzt die Aufgaben 1–6. Sie entsprechen der Aufgabenstellung bei der Prüfung.

Hören Teil 1

Was ist richtig?
Kreuzen Sie an: a, b oder c.
Sie hören jeden Text <u>zweimal</u>.

1 Was kostet der Mantel?

a 50 €.   b 65 €.   c 60,50 €.

2 Wie muss die Frau gehen?

a Geradeaus und links.   b Geradeaus und rechts.   c Immer geradeaus.

3 Wann fährt der Zug nach München?

a Um 16 Uhr 30.   b Um 17 Uhr 30.   c Um 19 Uhr.

6 | **4** Wann gehen Anja und Yvonne ins Kino?

|a| Am Freitag. |b| Am Samstag. |c| Am Sonntag.

7 | **5** Was bestellt die Frau im Restaurant?

|a| Fleisch. |b| Suppe. |c| Gemüse.

8 | **6** Wohin fahren die Freunde zusammen in den Urlaub?

|a| Ans Meer. |b| Nach Berlin. |c| Nach München.

Die richtigen Lösungen bei den Aufgaben 1–6 sind: 1c, 2a, 3a, 4c, 5b und 6c.

Haben Sie alles richtig? Wir möchten Ihnen jetzt die Lösungen erklären:

 Genau die Fragen und die Antworten lesen. Was ist die Situation? Was ist das Thema? Was müssen Sie im Hörtext verstehen?

 Immer nur eine Antwort (a, b oder c) ist richtig.

Aufgabe 1

🐾 Schritt 1: Lesen Sie zuerst die Frage und die Antworten.

Was kostet der Mantel?

  a 50 €.   b 65 €.   c 60,50 €.

🐾 Schritt 2: Was ist das Thema? Was ist die Situation? Unterstreichen Sie wichtige Wörter.

<u>Was kostet</u> der <u>Mantel</u>?

  a <u>50 €</u>.   b <u>65 €</u>.   c <u>60,50 €</u>.

Situation: Kleider kaufen. Sie müssen also im Hörtext **die Preise** verstehen.

🐾 Schritt 3: Sie hören den Text. Achten Sie auf die unterstrichenen Wörter. Kreuzen Sie hier und auf dem Antwortbogen an: Was ist richtig: a, b oder c?

<u>Was kostet</u> der <u>Mantel</u>?

  a 50 €.   b 65 €.   ☒ 60,50 €.

Lösung

Hörtext
- ● *Entschuldigung, was kostet dieser Mantel heute?*
- ▶ *Einen Moment bitte …, alle Mäntel sind 50 % billiger. Dieser Mantel kostet nur 60 Euro 50.*
- ● *60 Euro und 50 Cent?*
- ▶ *Ja. Ein Sonderangebot.*
- ● *Gut, der Mantel gefällt mir. Hier sind 65 Euro.*
- ▶ *Und 4,50 zurück.*

Alle Zahlen aus der Aufgabe kommen im Hörtext vor. 50 ist aber nicht 50 €, sondern 50 % billiger. 65 Euro ist nicht der Preis. Der Kunde gibt dem Verkäufer 65 Euro und bekommt 4,50 zurück. Der Preis ist 60,50 €.   c ist richtig.

TIPP *Bei den nächsten Texten genauso: Schritt 1, Schritt 2 und Schritt 3.*

Aufgabe 2

Wie muss die Frau gehen?

☒ Geradeaus und links.   b Geradeaus und rechts.   c Immer geradeaus.

Situation: Wegbeschreibung. Sie müssen im Hörtext **die Wegbeschreibung** verstehen.

 Sie verstehen nicht alles im Hörtext? Die Bilder helfen.

Hörtext

● *Verzeihung. Wie komme ich zum Bahnhof? Muss ich hier nach rechts gehen?*

▶ *Nein, nein, nicht nach rechts. Gehen Sie geradeaus und an der Ecke nach links. Dann noch 100 Meter geradeaus und dann sehen Sie schon den Bahnhof.*

Die Frau muss geradeaus gehen, dann nach links und dann wieder geradeaus.   a ist richtig.
Immer geradeaus – Lösung c – ist also falsch.

 Lesen Sie die Wörter aus der Aufgabe genau.

Aufgabe 3

Wann fährt der Zug nach München?

☒ Um 16.30 Uhr.   b Um 17.30 Uhr.   c Um 19 Uhr.

Situation: Am Bahnhof. Sie müssen im Hörtext **die Uhrzeiten** verstehen.

Hörtext

● *Wissen Sie, wann der Zug nach München fährt?*

▶ *Ja, da steht es. Schauen Sie, auf dem Plan. IC nach München, Gleis 19, um halb 5.*

   …

Hier sind Zahlen und Uhrzeiten wichtig. Halb 5 bedeutet 16 Uhr 30.   a ist richtig.

Aufgabe 4

Wann gehen Anja und Yvonne ins Kino?

a Am Freitag.   b Am Samstag.   ☒ Am Sonntag.

Situation: ins Kino gehen und Wochentage. Sie müssen im Hörtext die **Wochentage** verstehen.

Hörtext

● *Hallo, Anja, wollen wir zusammen ins Kino gehen? Hast du Lust?*

▶ *Ja, vielleicht am Freitagabend?*

● *Oh, Freitagabend kann ich nicht, da habe ich Gymnastik. Kannst du am Samstag?*

▶ *Nein, tut mir leid, am Samstag treffe ich meinen Freund. Und was ist mit Sonntag?*

● *Ja, das ist prima. Das geht. Dann schaue ich mal in die Zeitung, was es für Filme gibt. Ich rufe dich an.*

Die eine Frau fragt: *„Und was ist mit Sonntag?"*, die andere Frau antwortet:
„Ja, das ist prima." Am Sonntag können sie sich treffen. ☐c ist richtig.

> **TIPP** *Sie verstehen etwas nicht? Sie kennen die Wörter „Lust" und „Gymnastik" nicht? Nicht nervös werden. Sie müssen nicht jedes Wort verstehen. Das ist für die Aufgabe nicht wichtig. Hier geht es um die Wochentage.*

Aufgabe 5

<u>Was bestellt die Frau</u> im Restaurant?

☐a Fleisch.   ☒ Suppe.   ☐c Gemüse.

Situation: Essen und Trinken. Sie müssen im Hörtext **die Lebensmittel** verstehen.

Hörtext
- *Guten Tag. Was darf ich Ihnen bringen?*
- *Ich habe keinen großen Hunger. Vielleicht eine Suppe?*
- *Gerne, unsere Tagessuppe ist heute: Gemüsesuppe mit Rindfleisch.*
- *Haben Sie auch Suppen ohne Fleisch? Fleisch mag ich nicht.*
- *Ja, natürlich, Sie können die Suppe auch ohne Fleisch bekommen.*
- *Gerne, und einen Orangensaft bitte.*

Die Frau möchte kein Fleisch, sie bestellt aber auch kein Gemüse, sie bestellt
eine Gemüsesuppe. ☐b ist richtig.

Aufgabe 6

<u>Wohin fahren die Freunde</u> zusammen in den Urlaub?

☐a Ans Meer.   ☐b Nach Berlin.   ☒ Nach München.

Situation: Urlaub. Wohin fahren die Freunde? Sie müssen im Hörtext **die Orte** verstehen.

Hörtext
- *Sag mal, Robert, was meinst du? Wo wollen wir diesen Sommer Urlaub machen?*
- *Letztes Jahr waren wir am Meer, an der Nordsee. Leider war das Wetter nicht gut. Vielleicht können wir einmal eine Städtereise machen.*
- *Okay, warum nicht. Vielleicht Berlin?*
- *Berlin ist toll, aber die Stadt kenne ich schon. Wir können auch nach München fahren.*
- *Da war ich noch nie. Gut, machen wir das. Nach Berlin kann ich auch einmal alleine fahren.*

Die Freunde wollen nicht ans Meer. München ist richtig. Der Mann sagt: *Gut,
machen wir das.* (nach München fahren). Er möchte auch nach Berlin fahren,
aber das kann er auch alleine machen. Sie müssen wieder ganz genau die
Wörter aus der Aufgabe lesen. Wohin fahren die Freunde <u>zusammen</u> in den Urlaub? ☐c ist richtig.

Hören Teil 2

Was sollen Sie tun?

Sie hören Durchsagen, zum Beispiel im Supermarkt, am Bahnhof, am Flughafen. Zu jeder Durchsage gibt es eine Aussage. Sie hören jedes Gespräch nur einmal. Sie müssen ankreuzen: [Richtig] oder [Falsch].

Wichtig: Sie müssen die richtige Lösung auch auf dem Antwortbogen ankreuzen oder markieren: Goethe-Institut [X] , TELC ⬭ .

Schritt 1: Lesen Sie vor dem Hören die Sätze genau.

Beispiel:

Ein Kilo Äpfel kostet 2 Euro 50.   [Richtig]   [Falsch]

Schritt 2: Was ist die Situation? Unterstreichen Sie wichtige Wörter.

Ein Kilo Äpfel kostet 2 Euro 50.   [Richtig]   [Falsch]

9 Schritt 3: Sie hören jetzt den Text. Achten Sie auf die unterstrichenen Wörter. Kreuzen Sie hier und auf dem Antwortbogen an:
[Richtig] **oder** [Falsch].

Ein Kilo Äpfel kostet 2 Euro 50.   [Richtig]   [F̶a̶l̶s̶c̶h̶]

Lösung

Ein Kilo Äpfel kostet 2 Euro 50.

Situation: Durchsage im Supermarkt. Wichtig beim Hören ist **der Preis**.

Hörtext

Liebe Kunden, heute ganz billig, Äpfel neue Ernte, das Kilo für nur 2 Euro 15, Birnen das Kilo 2 Euro 50, Bananen das Kilo nur noch 2 Euro 69.

Die Aussage ist **falsch**. Äpfel kosten 2,15 €, Birnen kosten 2,50 €.   Beispiel = [Falsch]

Lösen Sie jetzt die Aufgaben 7–10. Sie entsprechen der Aufgabenstellung bei der Prüfung.

Hören Teil 2

Kreuzen Sie an: [Richtig] **oder** [Falsch].
Sie hören jeden Text einmal.

7 Familie Schmidt soll schnell in die Halle A kommen. [Richtig] [Falsch]

8 Der Zug nach Frankfurt fährt heute um 13 Uhr 20. [Richtig] [Falsch]

9 Das Kaufhaus ist nur noch kurze Zeit geöffnet. [Richtig] [Falsch]

10 Der kleine Junge sucht seine Eltern. [Richtig] [Falsch]

Die richtige Lösung bei den Aufgaben 7–10 ist: 7 richtig, 8 falsch, 9 richtig, 10 richtig.

Haben Sie alles richtig? Wir möchten Ihnen jetzt die Lösungen erklären:

TIPP *Genau die Sätze lesen. Was ist die Situation? Was ist das Thema?*

Aufgabe 7

 Schritt 1: Lesen Sie vor dem Hören zuerst den Satz.

Familie Schmidt soll schnell in die Halle A kommen.

Schritt 2: Was ist das Thema? Was ist die Situation? Unterstreichen Sie wichtige Wörter.

Familie Schmidt soll schnell in die Halle A kommen.

Schritt 3: Sie hören jetzt eine Durchsage. Achten Sie auf die unterstrichenen Wörter. Kreuzen Sie an: [Richtig] **oder** [Falsch].

Hörtext
Herr und Frau Schmidt, angekommen aus Helsinki, bitte melden Sie sich sofort beim Informationsschalter in Halle A. Herr und Frau Schmidt, bitte zum Informationsschalter in Halle A.

Familie Schmidt (Herr und Frau Schmidt) soll in die Halle A kommen
(bitte melden Sie sich … in Halle A), schnell *(sofort).*   7 = [Richtig]

TIPP *Bei den nächsten Texten genauso: Schritt 1, Schritt 2 und Schritt 3.*

Aufgabe 8

Der <u>Zug nach Frankfurt</u> fährt heute um <u>13 Uhr 20</u>.

Hörtext

Der Zug nach Frankfurt fährt heute <u>nicht um 13 Uhr 20, sondern um 14 Uhr 20</u>. Ich wiederhole: Der Zug nach Frankfurt fährt heute eine Stunde später. Vielen Dank für Ihr Verständnis.

Der Zug fährt heute eine Stunde später, um 14.20 Uhr.   8 = | Falsch |

Aufgabe 9

Das Kaufhaus ist nur <u>noch kurze Zeit geöffnet</u>.

Hörtext

Liebe Kunden: Es ist gleich 20 Uhr, <u>unser Kaufhaus schließt in 10 Minuten</u>. Wir bitten Sie zur Kasse zu gehen. Vielen Dank für Ihren Besuch.

Unser Kaufhaus schließt in 10 Minuten bedeutet: Es ist noch kurze Zeit geöffnet.   9 = | Richtig |

Aufgabe 10

Ein <u>Junge sucht seine Eltern</u>.

Hörtext

Meine Damen und Herren. An der Kasse im Erdgeschoss steht ein kleiner Junge. <u>Er findet seine Eltern nicht mehr</u>. Sein Name ist Paul, er ist 6 Jahre alt und trägt Jeans und ein blaues T-Shirt. Die Eltern von Paul sollen bitte ins Erdgeschoss an die Kasse kommen.

Er (= der Junge) findet seine Eltern nicht mehr bedeutet: Er sucht seine Eltern.   10 = | Richtig |

Hören Teil 3

Was sollen Sie tun?

Sie hören Ansagen am Telefon, zum Beispiel auf dem Anrufbeantworter. Zu jedem Text gibt es eine Aussage und drei Antworten: [a], [b] und [c]. Sie müssen die richtige Antwort ankreuzen.

Wichtig: Sie müssen die richtige Lösung auch auf dem Antwortbogen ankreuzen oder markieren: Goethe-Institut [X], TELC ⬯.

Sie hören jede Ansage zweimal.

🐾 Schritt 1: Zuerst Lesen, dann Hören. Lesen Sie jetzt genau die Frage und die Antworten.

Beispiel

Wann fährt die S-Bahn zum Bahnhof?

- [a] Um 12.20 Uhr.
- [b] Um 12.12 Uhr.
- [c] Um 12.21 Uhr.

🐾 Schritt 2: Was ist die Situation? Unterstreichen Sie wichtige Wörter. Hier sind die Fragewörter wichtig: *Was? Wo? Wann? Wie lange?*

<u>Wann</u> fährt die <u>S-Bahn zum Bahnhof</u>?

- [a] Um 12.20 Uhr.
- [b] Um 12.12 Uhr.
- [c] Um 12.21 Uhr.

🐾 Schritt 3: Sie hören jetzt die Ansage. Achten Sie auf die unterstrichenen Wörter. Kreuzen Sie an: Was ist richtig: [a], [b] oder [c]?

<u>Wann</u> fährt die <u>S-Bahn zum Bahnhof</u>?

- [a] Um 12.20 Uhr.
- [b] Um 12.12 Uhr.
- [X] Um 12.21 Uhr.

Lösung

Wichtige Wörter sind: <u>Wann</u> fährt die <u>S-Bahn zum Bahnhof</u>?

Situation: An einer Haltestelle. **Frage:** Wann? Achten Sie beim Hören jetzt auf die Uhrzeiten. Auch hier können Sie sehen: Sie müssen nicht alle Wörter im Hörtext verstehen. Sie können die Aufgabe lösen.

Hörtext

Hier eine Durchsage für die Reisenden auf Gleis 12. Die S-Bahn Richtung Hauptbahnhof fährt wegen einer Betriebsstörung heute 20 Minuten später. Die Abfahrt ist 12 Uhr 21.

[a] ist falsch: Der Sprecher sagt die Zahl 20. Das ist aber nicht die Uhrzeit, sondern er sagt, die S-Bahn fährt heute 20 Minuten später.

[b] ist falsch: Der Sprecher sagt die Zahl 12. Das ist aber nicht die Uhrzeit, 12 ist das Gleis, wo die S-Bahn abfährt.

[c] ist richtig. Die Abfahrt ist 12.21 Uhr.

[c] ist richtig.

Lösen Sie jetzt die Aufgaben 11–15.

Sie entsprechen der Aufgabenstellung bei der Prüfung.

Hören Teil 3

Was ist richtig?
Kreuzen Sie an: [a], [b] **oder** [c].
Sie hören jeden Text zweimal.

11 Was soll die Frau tun?

[a] Sie soll Essen kaufen.
[b] Sie soll in die Firma kommen.
[c] Sie soll mit dem Mann telefonieren.

12 Wie ist die Telefonnummer?

[a] 069 48 32 15.
[b] 069 48 23 15.
[c] 069 84 32 14.

13 Wann kann die Frau einen Termin haben?

[a] Am Mittwoch.
[b] Am Donnerstag.
[c] Am Freitag.

14 Wie lange will der Mann noch warten?

[a] Eine halbe Stunde.
[b] Eine Viertelstunde.
[c] Bis Viertel nach acht.

15 Wo will Pauline ihre Freundin treffen?

[a] Im Kino.
[b] In ihrer Wohnung.
[c] Beim Arzt.

Schreiben Sie jetzt Ihre Lösungen für Hören 1, 2 und 3 – Lösungen 1 bis 15 – auf den Antwortbogen auf Seite 155 oder auf Seite 157.

Die richtige Lösung bei den Aufgaben 11–15 ist: 11c, 12 a, 13c, 14b und 15b.

Haben Sie alles richtig? Wir möchten Ihnen jetzt die Lösungen erklären.

TIPP *Immer nur eine Antwort* [a], [b] *oder* [c] *ist richtig.*

Schritt 1: Lesen Sie zuerst genau die Frage und die Antworten.

11 Was soll die Frau tun?

- [a] Sie soll Essen kaufen.
- [b] Sie soll in die Firma kommen.
- [c] Sie soll mit dem Mann telefonieren.

Schritt 2: Was ist die Situation? Was ist das Thema? Unterstreichen Sie wichtige Wörter. Hier sind die Fragewörter wichtig: *Was? Wo? Wann? Wie lange?*

11 Was soll die Frau tun?

- [a] Sie soll Essen kaufen.
- [b] Sie soll in die Firma kommen.
- [c] Sie soll mit dem Mann telefonieren.

Schritt 3: Sie hören jetzt die Ansage. Achten Sie auf die unterstrichenen Wörter. Kreuzen Sie an: Was ist richtig: [a], [b] oder [c]?

11 Was soll die Frau tun?

- [a] Sie soll Essen kaufen.
- [b] Sie soll in die Firma kommen.
- [☒] Sie soll mit dem Mann telefonieren.

Lösung

Wichtige Wörter sind: tun, kaufen, kommen, telefonieren.

Situation: Eine Person sagt, was die Frau machen soll.

Hörtext
Hallo, Sylvia. Mein Termin in München hat doch sehr lange gedauert. Es ist jetzt schon 6 Uhr. Ich fahre nicht mehr in die Firma und komme gleich nach Hause. Brauchen wir noch etwas für das Abendessen? Bitte ruf mich an.

Der Mann sagt: *Bitte ruf mich an.* Die Frau soll mit dem Mann telefonieren.　　　[c] ist richtig.

TIPP *Bei den nächsten Ansagen genauso: Schritt 1, Schritt 2 und Schritt 3.*

12 Wie ist die Telefonnummer?

☒ 069 48 32 15.
b 069 48 23 15.
c 069 84 32 14.

Hörtext

Telefonauskunft Deutsche Telekom. Die Rufnummer des Teilnehmers hat sich geändert. Die Rufnummer ist: 069 48 32 15.

Haben Sie die Zahlen gut verstanden? 32 = zweiunddreißig.   a ist richtig.

13 Wann kann die Frau einen Termin haben?

a Am Mittwoch.
b Am Donnerstag.
☒ Am Freitag.

Hörtext

Guten Tag, Frau Raabe, hier ist die Zahnarztpraxis Lehmann. Heute ist Mittwoch, der 2. April. Wir müssen Ihren Termin am Donnerstagnachmittag 15 Uhr leider absagen. Wegen Renovierungsarbeiten ist die Praxis den ganzen Donnerstag geschlossen. Können Sie auch am Freitagvormittag kommen? Bitte rufen Sie uns an.

Die Sprecherin sagt: *Können Sie auch am Freitagvormittag kommen?*   c ist richtig.

14 Wie lange will der Mann noch warten?

a Eine halbe Stunde.
☒ Eine Viertelstunde.
c Bis Viertel nach acht.

Hörtext

Hallo, Susanne, hier David. Ich bin vor dem Kino und warte schon eine halbe Stunde auf dich. Es ist jetzt Viertel nach acht. Wann kommst du endlich? Du, ich warte nicht mehr lang, noch 15 Minuten. Dann fängt der Film an.

15 Minuten sind eine Viertelstunde.   b ist richtig.

15 Wo will Pauline ihre Freundin treffen?

a Im Kino.
☒ In ihrer Wohnung.
c Beim Arzt.

Hörtext

Hallo, Claudia, hier ist Pauline. Du, Claudia, leider kann ich heute Abend nicht ins Kino. Meine Tochter ist krank geworden und ich muss bei ihr bleiben. Treffen wir uns bei mir in der Wohnung? Ich habe auch viele Filme auf DVD. Die können wir hier sehen. Ist das okay?

Pauline sagt: *Treffen wir uns bei mir in der Wohnung?*   b ist richtig.

Lesen

25 Minuten

Dieser Test hat drei Teile. Sie lesen kurze Briefe, E-Mails, Anzeigen und Hinweisschilder. Zu jedem Text gibt es Aufgaben. Sie haben 25 Minuten Zeit. Sie dürfen keine Hilfsmittel (zum Beispiel Wörterbücher Handys, Notizen) benutzen.

Es gibt 15 Aufgaben. Jede richtige Lösung gibt einen Punkt. Sie können 15 Punkte bekommen. Die Zahl 15 wird dann mit 1,66 multipliziert. Sie können also 25 Punkte bekommen (15 x 1,66).

Lesen Teil 1

Was sollen Sie tun?

Sie lesen zwei kurze Texte, zum Beispiel E-Mails oder Notizzettel. Es gibt fünf Aussagen zu den Texten. Was ist richtig? Sie müssen jedes Mal ⬚ Richtig oder ⬚ Falsch ankreuzen.

Wichtig: Sie müssen die richtige Lösung auch auf dem Antwortbogen ankreuzen oder markieren: Goethe-Institut ☒ , TELC 👄 .

👣 **Schritt 1: Lesen Sie zuerst den Text. Bitte schnell lesen. Wichtig: Was ist das Thema?**

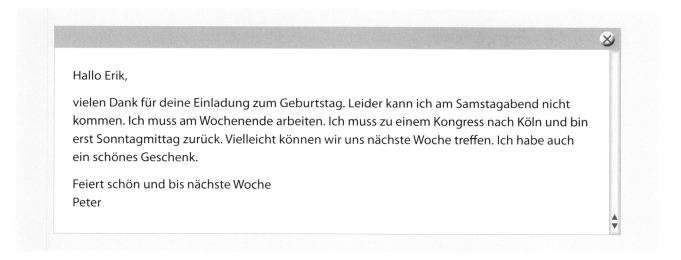

Hallo Erik,

vielen Dank für deine Einladung zum Geburtstag. Leider kann ich am Samstagabend nicht kommen. Ich muss am Wochenende arbeiten. Ich muss zu einem Kongress nach Köln und bin erst Sonntagmittag zurück. Vielleicht können wir uns nächste Woche treffen. Ich habe auch ein schönes Geschenk.

Feiert schön und bis nächste Woche
Peter

👣 **Schritt 2: Lesen Sie dann die Sätze und suchen Sie die richtigen Antworten im Text.**

1	Erik hat nächste Woche Geburtstag.	Richtig	Falsch
2	Peter hat am Samstag keine Zeit.	Richtig	Falsch

TIPP *Achten Sie auf Namen: Erik hat Geburtstag und Peter schreibt die E-Mail.*

Schritt 3: Kreuzen Sie an: ⬚ Richtig oder ⬚ Falsch .

		Richtig	Falsch
1	Erik hat nächste Woche Geburtstag.	Richtig	~~Falsch~~
2	Peter hat am Samstag keine Zeit.	~~Richtig~~	Falsch

Lösung

Das Thema ist: Erik hat Geburtstag und lädt Peter ein.

Satz 1: Erik hat <u>nächste Woche</u> Geburtstag.
Erik feiert Samstagabend, er hat nicht <u>nächste Woche</u> Geburtstag.
Peter sagt: *Vielleicht können wir uns <u>nächste Woche</u> treffen.*   Satz 1 ist ⬚ Falsch .

Satz 2: Peter hat <u>am Samstag keine Zeit</u>.
Peter sagt: *Leider kann ich <u>am Samstagabend nicht kommen</u>.*
Er hat also am Samstag keine Zeit.   Satz 2 ist ⬚ Richtig .

Lösen Sie jetzt die Aufgaben 1–5. Sie entsprechen der Aufgabenstellung bei der Prüfung.

Lesen Teil 1

Lesen Sie die beiden Texte und die Aufgaben 1 bis 5.

Kreuzen Sie an: Richtig oder Falsch .

Hallo Jasmin,

ich habe morgen frei! Ich kann schon am Mittag nach Berlin kommen und nicht erst abends spät. Kannst du mich abholen? Mein Zug kommt um 12.30 Uhr an. Am besten treffen wir uns vor dem Bahnhof, dann warte ich auf dich. Ist das okay für dich? Schreib mir bitte schnell oder ruf mich an. Bis morgen, ich freue mich.

Roberto

---

1 Roberto will Jasmin noch anrufen. Richtig   Falsch

2 Roberto kommt am Abend nach Berlin. Richtig   Falsch

Liebe Claudia, lieber Holger,

wir haben seit zwei Wochen endlich eine neue Wohnung, sehr hell und groß, 85 m². Und sie hat einen schönen Balkon (Südseite!).
Am nächsten Samstag wollen wir eine kleine Party machen, so ab 18 Uhr. Viele Leute kommen, auch Leute aus dem Haus. Die Nachbarn hier sind sehr nett.
Habt ihr auch Zeit und Lust? Dann könnt ihr euch die Wohnung ansehen. Wir machen auch ein kleines Essen. Ihr könnt gerne noch etwas zu trinken mitbringen und vielleicht auch Musik, unsere CDs sind nämlich noch in der alten Wohnung.
Könnt ihr kommen? Schreibt uns doch eine kurze Mail. Ach ja, die Adresse ist Sandweg 12, 3. Stock.
Dann hoffentlich bis Samstag,

viele Grüße
Karin + Tom

---

3 Karin und Tom wohnen jetzt im Sandweg. Richtig   Falsch

4 Sie kennen die Nachbarn noch nicht. Richtig   Falsch

5 Die Gäste sollen Musik mitbringen. Richtig   Falsch

Die richtige Lösung bei den Aufgaben 1–5 ist: 1 falsch, 2 falsch, 3 richtig, 4 falsch, 5 richtig.

Haben Sie alles richtig? Wir möchten Ihnen jetzt die Lösungen erklären.

Schritt 1: Lesen Sie zuerst den Text. Bitte schnell lesen. Wichtig: Was ist das Thema?

Schritt 2: Lesen Sie dann die Sätze und suchen Sie die richtigen Antworten im Text.

1 Roberto will Jasmin noch anrufen. 　　Richtig　　　Falsch

Nein, er schreibt, <u>Jasmin</u> soll <u>ihn</u> anrufen.
Schreib mir bitte schnell oder ruf mich an.　　　　　1 = 　Falsch

Schritt 3: Kreuzen Sie an: Richtig **oder** Falsch .

1 Roberto will Jasmin noch anrufen. 　　Richtig　　　~~Falsch~~

> **TIPP** *Bei den nächsten Texten genauso: Schritt 1, Schritt 2 und Schritt 3.*

2 Roberto kommt am Abend nach Berlin.

Nein. Roberto schreibt:
<u>*Ich kann*</u> *schon* <u>*am Mittag nach Berlin kommen*</u> *und* <u>*nicht*</u> *erst* <u>*abends*</u> *spät.*　　　　2 = 　Falsch

3 Karin und Tom wohnen jetzt im Sandweg.

Ja. Sie schreiben:
Wir haben seit zwei Wochen endlich eine neue Wohnung, …
die Adresse ist Sandweg 12.　　　　　3 = 　Richtig

4 Sie kennen die Nachbarn noch nicht.

Nein. Sie schreiben:
Die Nachbarn hier sind sehr nett. Sie kennen also die Nachbarn.　　　4 = 　Falsch

5 Die Gäste sollen Musik mitbringen.

Ja. Sie schreiben:
Ihr könnt gerne noch etwas zu trinken mitbringen und vielleicht auch Musik.　　5 = 　Richtig

> **TIPP** *Lösen Sie zuerst die einfachen Aufgaben.*

Lesen Teil 2

Was sollen Sie tun?

Sie lesen zehn Anzeigen aus dem Internet oder aus der Zeitung. Es gibt fünf Aufgaben. Zu jeder Aufgabe gibt es zwei Anzeigen. Sie müssen ankreuzen, welche Anzeige passt.

Wichtig: Sie müssen die richtige Lösung auch auf dem Antwortbogen ankreuzen oder markieren: Goethe-Institut ⊠, TELC ⬭,

Situation: Sie wollen wissen: Scheint am Wochenende die Sonne?

Günstige Reisen
in die Sonne

Superangebote in die ganze Welt.
Jetzt schnell buchen

www.sonnentours.de

Ihr aktueller
Wetterbericht
Geben Sie eine Stadt ein und klicken Sie auf SUCHEN.
www.wetter-online.com

a | www.sonnentours.de b | www.wetter-online.com

 Schritt 1: Lesen Sie genau die Situation. Was suchen Sie? Was möchten Sie wissen?

TIPP *Bitte lesen Sie alle Anzeigen (Texte) genau.*

 Schritt 2: Unterstreichen Sie wichtige Wörter.

Sie wollen wissen: Scheint am Wochenende die Sonne?

 Schritt 3: Lesen Sie dann die beiden Anzeigen, suchen Sie die Lösung und kreuzen Sie an.

a | www.sonnentours.de ⊠ www.wetter-online.com

Lösung

In Anzeige a lesen Sie das Wort *Sonne*, es ist aber ein Angebot für *Reisen*.
Anzeige b ist der *Wetterbericht*.   b | ist richtig.

Lesen Sie die Aufgaben 6 bis 10. Sie entsprechen der Aufgabenstellung bei der Prüfung.

Lesen Teil 2

Lesen Sie die Texte und die Aufgaben 6 bis 10.

Wo finden Sie Informationen? Kreuzen Sie an: a **oder** b **.**

6 Sie suchen ein billiges Fahrrad.

www.günstiger-online.de	www.kaufboerse.de
Fahrrad, rot, 2 Jahre alt, 3 Gänge, für nur 60 EURO zu verkaufen.	Verkaufe: billigen Motorroller, 200 EURO, außerdem Fahrradtaschen, 30 EURO das Stück.

a www.günstiger-online.de   b www.kaufboerse.de

7 Sie wollen in Deutschland Urlaub machen und auch weiter Deutsch lernen. Wo finden Sie Informationen?

www.urlaub-zuhause.de	www.sprachzentrum-berlin.de
Urlaub in Deutschland: Attraktive Angebote für die ganze Familie. Ferien auf dem Bauernhof: Lernen Sie die Natur kennen.	Feriensprachkurse in der deutschen Hauptstadt im Sommer und im Herbst mit großem kulturellem Angebot. Alle Stufen

a www.urlaub-zuhause.de   b www.sprachzentrum-berlin.de

8 Sie möchten in Deutschland auf dem Rhein eine Schiffsreise machen und auch die Stadt Rüdesheim besuchen. Wo finden Sie Informationen?

www.bahn.de	www.hessen-tourismus.de
Tagesfahrten mit dem Zug. Besuchen Sie Rüdesheim. 49 Euro pro Person, Wanderung durch die Weinberge und andere Aktivitäten	Rheinische Party auf dem Wasser. Abendbuffet, Brunchbuffet, Besuch der Stadt Rüdesheim, Abendprogramm

a www.bahn.de   b www.hessen-tourismus.de

9 Sie suchen für Ihren Freund eine Arbeit. Ihr Freund kann nur am Wochenende arbeiten. Er hat keinen Führerschein.

Fahrer/-in gesucht samstags und sonntags, gute Bezahlung, einfache Arbeit. Tel.: 06191/13 55

Gesucht:
Mitarbeiter in der Groß-
küche eines Restaurants,
Bezahlung nach Stunden,
Stunde: 6 EURO.
Tel.: 06191/24 30

|a| Tel.: 06191/13 55

|b| Tel.: 06191/24 30

10 Sie möchten mit Freunden am Sonntagmittag Chinesisch essen gehen. Wohin gehen Sie?

ASIA-LAND

Chinesische und indonesische Spezialitäten

Montag – Ruhetag

Öffnungszeiten
von 11.30 – 22 Uhr

Tel.: 0611/56 88 92

CHINA-RESTAURANT

Zum Lotusgarten

täglich von 18 – 23 Uhr.
– Großer Garten –

Tel.: 0611/23 55 91

|a| Ins Restaurant Asia-Land

|b| Ins Restaurant Zum Lotusgarten

Die richtige Lösung bei den Aufgaben 6–10 ist: 6a, 7b, 8b, 9b, 10a.

Haben Sie alles richtig? Wir möchten Ihnen jetzt die Lösungen erklären:

Schritt 1: Lesen Sie genau die Situation. Was suchen Sie? Was möchten Sie wissen?

6 Sie suchen ein billiges Fahrrad.

Schritt 2: Lesen Sie die beiden Anzeigen und unterstreichen Sie wichtige Wörter.

www.günstiger-online.de	www.kaufboerse.de
Fahrrad, rot, 2 Jahre alt, 3 Gänge, für nur 60 EURO zu verkaufen.	Verkaufe: billigen Motorroller, 200 EURO, außerdem Fahrradtaschen, 30 EURO das Stück.

a   www.günstiger-online.de   b   www.kaufboerse.de

Schritt 3: Suchen Sie die Lösung im Text und kreuzen Sie an: a oder b.

Anzeige a ist richtig. In Anzeige b verkauft man Fahrradtaschen, keine Fahrräder.

TIPP *Bei den nächsten Texten genauso: Schritt 1, Schritt 2 und Schritt 3.*

7 Sie wollen in Deutschland Urlaub machen und auch weiter Deutsch lernen. Wo finden Sie Informationen?

www.urlaub-zuhause.de	www.sprachzentrum-berlin.de
Urlaub in Deutschland: Attraktive Angebote für die ganze Familie. Ferien auf dem Bauernhof: Lernen Sie die Natur kennen.	Feriensprachkurse in der deutschen Hauptstadt im Sommer und im Herbst mit großem kulturellem Angebot. Alle Stufen

a   www.urlaub-zuhause.de   b   www.sprachzentrum-berlin.de

Anzeige b ist richtig. In Berlin gibt es Feriensprachkurse Deutsch. Ferien bedeutet Urlaub.
Anzeige a ist eine Anzeige nur für Urlaub in Deutschland, nicht für Deutschlernen im Urlaub.

8 Sie möchten in Deutschland auf dem Rhein eine <u>Schiffsreise machen</u> und auch die Stadt <u>Rüdesheim besuchen</u>. Wo finden Sie Informationen?

www.bahn.de

Tagesfahrten mit dem Zug.
Besuchen Sie <u>Rüdesheim</u>.
49 Euro pro Person,
Wanderung durch die Weinberge und andere
Aktivitäten

www.hessen-tourismus.de

<u>Rheinische Party auf dem Wasser</u>.
Abendbuffet, Brunchbuffet,
<u>Besuch der Stadt Rüdesheim</u>,
Abendprogramm

[a] www.bahn.de

[b] www.hessen-tourismus.de

Anzeige [b] ist richtig. <u>Party auf dem Wasser</u> bedeutet: Schiffsreise. <u>Besuch der Stadt Rüdesheim.</u>
Anzeige [a] ist eine Fahrt mit dem Zug nach Rüdesheim, keine Schiffsreise.

9 Sie <u>suchen</u> für Ihren Freund <u>eine Arbeit</u>. Ihr Freund kann <u>nur am Wochenende</u> arbeiten. Er hat keinen Führerschein.

Fahrer/-in gesucht
samstags und sonntags,
gute Bezahlung,
einfache Arbeit.
Tel.: 06191/13 55

Gesucht:
Mitarbeiter in der Groß-
küche eines Restaurants,
Bezahlung <u>nach Stunden</u>,
Stunde: 6 EURO.
Tel.: 06191/24 30

[a] Tel.: 06191/13 55

[b] Tel.: 06191/24 30

Anzeige [b] ist richtig. Gesucht: Mitarbeiter nach Stunden, also keine feste Arbeit.
Anzeige [a]: Hier kann man Fehler machen: samstags und sonntags ist am Wochenende, aber man sucht einen Fahrer. Ein Fahrer muss einen Führerschein haben.

10 Sie möchten mit Freunden <u>am Sonntagmittag Chinesisch essen gehen</u>. Wohin gehen Sie?

ASIA-LAND

*Chinesische und
indonesische Spezialitäten*

Montag – Ruhetag

Öffnungszeiten
von 11.30 – 22 Uhr

Tel.: 0611/56 88 92

CHINA-RESTAURANT

Zum Lotusgarten

täglich von 18 - 23 Uhr.
– Großer Garten –

Tel.: 0611/23 55 91

a Ins Restaurant Asia-Land

b Ins Restaurant Zum Lotusgarten

Anzeige a ist richtig. Öffnungszeiten von 11.30 – 22 Uhr. Jeden Tag, nur montags nicht.
Anzeige b: Das Restaurant „Zum Lotusgarten" hat von 18 – 23 Uhr auf, also nicht mittags.

TIPP *Lösen Sie zuerst die einfachen Aufgaben.*

Lesen Teil 3

Was sollen Sie tun?

Sie lesen Informationen und fünf Aussagen zu den Informationen. Sie müssen jedes Mal [Richtig] oder [Falsch] ankreuzen.

Schritt 1: Lesen Sie genau die Situation und die Aussage. Wo hängt der Aushang / die Information? Was ist das Thema?

An der Haustür:

> Reparaturarbeiten an der Heizung!
> Die Firma Drosch muss
> am Freitag, dem 12. Oktober, in alle Wohnungen.
> Bitte seien Sie zu Hause oder geben
> Sie Ihren Wohnungsschlüssel bei Frau Dorn ab.

Schritt 2: Lesen Sie die Aushänge und unterstreichen Sie wichtige Wörter.

> Reparaturarbeiten an der Heizung!
> Die Firma Drosch muss
> am Freitag, dem <u>12. Oktober, in alle Wohnungen.</u>
> Bitte seien <u>Sie zu Hause</u> oder <u>geben</u>
> Sie Ihren <u>Wohnungsschlüssel</u> bei <u>Frau Dorn</u> ab.

Schritt 3: Suchen Sie die Lösung im Text und kreuzen Sie an:
[Richtig] **oder** [Falsch].

Sie müssen am 12. Oktober in Ihrer Wohnung sein.　　　[Richtig]　　　[Falsch]

Lösung

Sie müssen am 12. Oktober in Ihrer Wohnung sein. Nein. Der Satz ist [Falsch]. Sie müssen nicht in der Wohnung sein. Sie können auch Ihren Schlüssel bei Frau Dorn abgeben.

Lesen Teil 3

Lesen Sie die Texte und die Aufgaben 11 bis 15.

Kreuzen Sie an: ☐ Richtig ☐ oder ☐ Falsch ☐ .

11 Im Restaurant:

> Essen und Trinken im Garten
> wochentags bis 22 Uhr,
> freitags und samstags bis 23 Uhr.
> Das Restaurant schließt um 24 Uhr.

Am Mittwochabend können Sie bis 23 Uhr im Garten sitzen. ☐ Richtig ☐ Falsch

12 Auf der Straße:

Parken verboten

Sie dürfen hier nicht parken. ☐ Richtig ☐ Falsch

13 An einer Haltestelle:

> Die Straßenbahnen fahren heute
> nur zur Kaiserstraße.
> Zur Weiterfahrt zum Hauptbahnhof
> nehmen Sie bitte den Bus Linie 103.

Heute fahren die Straßenbahnen und Busse nur bis zum Hauptbahnhof. ☐ Richtig ☐ Falsch

14 Im Fenster eines Kaufhauses:

SONDERAKTION 50 %
weniger zahlen!
Ab morgen kostet alles nur die Hälfte.

Ab morgen können Sie billiger einkaufen. ☐ Richtig ☐ Falsch

15 An einer Bäckerei:

> *WIR ZIEHEN UM!*
>
> Die Bäckerei KOHLHAMMER
> finden Sie ab nächster Woche
> in der Taunusstraße 12.

Schon heute können Sie in der Taunusstraße Brötchen kaufen. | Richtig | | Falsch |

Schreiben Sie jetzt Ihre Lösungen für Lesen 1, 2 und 3 – Lösungen 1 bis 15 – auf den Antwortbogen auf Seite 155 oder auf Seite 157.

Die richtige Lösung bei den Aufgaben 11–15 ist: 11 falsch, 12 richtig, 13 falsch, 14 richtig, 15 falsch.

Haben Sie alles richtig? Wir möchten Ihnen jetzt die Lösungen erklären:

Schritt 1: Lesen Sie genau die Situation und die Aussage. Wo hängt der Aushang / die Information? Was ist das Thema?

11 Im <u>Restaurant</u>:

Schritt 2: Unterstreichen Sie im Text und in der Aufgabe wichtige Wörter.

> Essen und Trinken <u>im Garten</u>
> <u>wochentags bis 22 Uhr,</u>
> freitags und samstags bis 23 Uhr.
> Das Restaurant schließt um 24 Uhr.

Am <u>Mittwochabend</u> können Sie <u>bis 23 Uhr im Garten sitzen.</u>

Schritt 3: Lesen Sie dann den Text und suchen Sie die Lösung im Text.

Nein. Im Garten kann man wochentags nur bis 22 Uhr sitzen.
Mittwochabend ist wochentags, aber die Uhrzeit stimmt nicht. 11 = | Falsch |

TIPP *Bei den nächsten Texten genauso: Schritt 1, Schritt 2 und Schritt 3.*

12 Auf der Straße:

> ## Parken verboten

Sie <u>dürfen</u> hier <u>nicht parken</u>.

Ja. *Parken verboten* heißt, man *darf nicht parken*.

12 = Richtig

13 An einer Haltestelle:

> Die Straßenbahnen fahren heute
> nur zur Kaiserstraße.
> Zur Weiter<u>fahrt zum Hauptbahnhof</u>
> nehmen Sie bitte den <u>Bus</u> Linie 103.

Heute fahren die <u>Straßenbahnen und Busse</u> nur <u>bis zum Hauptbahnhof</u>.

Nein. Die Straßenbahnen fahren nur bis zur Kaiserstraße.
Bus 103 fährt zum Hauptbahnhof.

13 = Falsch

14 Im Fenster eines Kaufhauses:

> ## SONDERAKTION 50 %
> #### weniger zahlen!
> *Ab morgen kostet alles <u>nur die Hälfte</u>.*

Ab morgen können Sie <u>billiger einkaufen</u>.

Ja. *50 % weniger zahlen / die Hälfte* bedeutet: billiger.

14 = Richtig

15 An einer Bäckerei:

> *WIR ZIEHEN UM!*
> Die Bäckerei KOHLHAMMER
> finden Sie <u>ab nächster Woche</u>
> in der Taunusstraße 12.

<u>Schon heute</u> können Sie in der Taunusstraße Brötchen kaufen.

Nein, erst ab nächster Woche.

TIPP *Lösen Sie zuerst die einfachen Aufgaben.*

15 = Falsch

Schreiben   20 Minuten

Der Prüfungsteil Schreiben hat zwei Teile.
Teil 1 – Sie sollen ein Formular ergänzen.
Teil 2 – Sie sollen eine kurze Mitteilung schreiben.

Für beide Teile haben Sie 20 Minuten Zeit. Sie dürfen keine Hilfsmittel (zum Beispiel Wörterbücher
Handys, Notizen aus dem Unterricht) benutzen.

Sie können 15 Punkte bekommen (in Teil 1 maximal fünf Punkte, in Teil 2 maximal zehn Punkte). Die
Zahl 15 wird dann mit 1,66 multipliziert. Sie können also 25 Punkte bekommen.

Schreiben Teil 1

Was sollen Sie tun?

Sie sollen fünf Informationen in einem Formular ergänzen. Dazu bekommen Sie einen Text. Dort
stehen Informationen für die Lösung. Sie können fünf Punkte bekommen, für jede Information einen
Punkt.

✒ Schritt 1: Lesen Sie den Text links genau. Hier stehen alle Informationen.

1 Tom Smith ist 20 Jahre alt.

2 Er möchte Deutsch lernen.

3 Er spricht noch kein Deutsch,

4 hat aber Spanisch gelernt.

5 Er möchte abends lernen.

6 Er ist Engländer.

7 Er ist in London geboren.

8 Er wohnt in Frankfurt, Berger Straße 12.

9 Bezahlen möchte er mit Kreditkarte.

Anmeldung Kurs Deutsch 1		
1 Vorname	*Zeile 1*	*Tom*
2 Familienname		
3 Muttersprache		
4 Fremdsprachen		
5 Adresse/Wohnort		
6 Geburtsort		
7 Alter		
8 Termin		
9 Zahlungsweise		

✒ Schritt 2: Wo steht was im Text? Lesen Sie das Formular und unter-
streichen Sie im Text links.

TIPP   *In Sprechen, Teil 1, funktioniert eine Aufgabe so, wie diese Aufgabe hier.*

Schritt 3: Schreiben Sie die Informationen in das Formular.

Lösung

	Anmeldung Kurs Deutsch 1		
1	Vorname	_Zeile 1_	Tom
2	Familienname	_Zeile 1_	Smith
3	Muttersprache	_Zeile 6_	Englisch
4	Fremdsprachen	_Zeile 4_	Spanisch
5	Adresse/Wohnort	_Zeile 8_	Frankfurt,
			Berger Straße 12
6	Geburtsort	_Zeile 7_	London
7	Alter	_Zeile 1_	20 Jahre
8	Termin	_Zeile 5_	abends
9	Zahlungsweise	_Zeile 9_	Kreditkarte

Lösen Sie jetzt die Aufgabe Schreiben Teil 1. Das ist jetzt wie in der Prüfung.

Schreiben Teil 1

Ihr Freund, Juan Rodriguez, geboren am 12.10.1985, möchte einen Deutschkurs an der Volkshochschule machen. Er ist kein Anfänger, er hat schon die A1-Prüfung gemacht. Er ist Taxifahrer von Beruf und arbeitet abends. Er möchte vormittags einen Kurs besuchen. Juan wohnt in München, in der Danklstraße 15. Die Postleitzahl ist 81371.

Helfen Sie ihm und füllen Sie das Formular aus.

ANMELDUNG – SPRACHZENTRUM

Familienname: _Rodriguez_

Vorname: _Juan_

Postleitzahl, Wohnort: _____ (1)

Straße, Hausnummer: _____ (2)

Telefon: _089 / 2935546_

Beruf: _____ (3)

Kurs/Kursnummer:
- ☐ Deutsch Anfänger – A1
- ☐ Deutsch Fortgeschrittene – A2   (4)

Termin:
- ☐ montags – freitags, 9 – 12 Uhr
- ☐ montags – freitags, 18 – 21 Uhr   (5)

Unterschrift _____

Schreiben Sie jetzt Ihre Antworten auf den Antwortbogen auf Seite 155 oder auf Seite 157.

Lösung

Postleitzahl, Wohnort: 81317, München – Straße, Hausnummer: Danklstraße 14 – Beruf: Taxifahrer
Kurs: Deutsch Fortgeschrittene A2 – Termin: montags – freitags 9 – 12 Uhr

 Für Schreiben Teil 1 und Teil 2 haben Sie nur 20 Minuten Zeit. In 20 Minuten müssen Sie die Lösungen zu Teil 1 und Teil 2 auf den Antwortbogen schreiben. Deshalb: Für Schreiben Teil 1 nicht länger als fünf Minuten!

Schreiben Teil 2

Was sollen Sie tun?

Sie sollen eine kurze Mitteilung schreiben. Dazu gibt es drei Punkte. Zu diesen Punkten müssen Sie etwas schreiben. Schreiben Sie mindestens 30 Wörter.

Sie können 10 Punkte bekommen. Für jeden Punkt, zu dem Sie etwas schreiben sollen, drei Punkte und noch einen Punkt für Anrede und Gruß.

 Schritt 1: Kopieren Sie einen der Antwortbogen.

> **TIPP** *Auf den Seiten 156 und 158 gibt es die Antwortbogen* Schreiben Teil 2 *vom Goethe-Institut und von telc.*

 Schritt 2: Lesen Sie die Situation genau.

Sie möchten mit Ihrem Freund Tom am Sonntag einen Ausflug mit dem Fahrrad machen. Schreiben Sie Tom eine E-Mail.

 Schritt 3: Den Brief direkt auf den Antwortbogen schreiben. Lesen Sie die drei Punkte sehr genau.

– **Warum** schreiben Sie?
– **Wohin** fahren?
– **Wo** wollen Sie sich treffen?

 Schritt 4: Sie schreiben zu jedem Punkt ein oder zwei Sätze, ca. 30 Wörter. Bitte nicht vergessen: die Anrede!

 Schritt 5: Den Brief mit einem Gruß beenden.

> **TIPP** *Auf Seite 42 sind Wörter für die Anrede und den Gruß.*

 Schritt 6: Überprüfen Sie den Brief. Lesen Sie Ihren Text noch einmal und achten Sie auf folgende Punkte:

– Lesen Sie die drei Punkte genau. An wen sollen Sie schreiben? Welche Anrede ist richtig? *(Sehr geehrte …, Sehr geehrter …, Liebe/r …, Hallo …,)*

– Schreiben Sie zu jedem Punkt zwei Sätze.

– 30 Wörter sind genug!

– Vergessen Sie nicht Anrede, Gruß und Unterschrift!

– Denken Sie an *der, die, das*.

- Haben Sie die Nomen großgeschrieben?

- Haben Sie die Anredeformen *Sie/Ihnen/Ihr* großgeschrieben?

- Stimmen die Verbformen?

Ordnen Sie nun die Sätze und schreiben Sie die E-Mail.

Liebe Grüße
Robert

Dann bis Sonntag.

Treffen wir uns Sonntagmorgen bei mir?

Wir können an den Waldsee fahren und dort auch schwimmen gehen.

~~Hallo Tom,~~

ich möchte gern am Wochenende einen Ausflug mit dem Fahrrad machen.

Hallo Tom, _____

_____

_____

_____

_____

_____

_____

Lösungsbeispiel

Hallo Tom,
ich möchte gern am Wochenende einen Ausflug mit dem Fahrrad machen.
Wir können an den Waldsee fahren und dort auch schwimmen gehen.
Treffen wir uns Sonntagmorgen bei mir?
Dann bis Sonntag.
Liebe Grüße
Robert

Lösen Sie jetzt die Aufgabe Schreiben Teil 2. Sie entspricht der Aufgabenstellung bei der Prüfung.

Schreiben Teil 2

Sie möchten im Sommer in München Urlaub machen.
Schreiben Sie an die Touristeninformation:

Warum schreiben Sie?
Günstige Hotels?
Sehenswürdigkeiten?

Schreiben Sie zu jedem Punkt ein bis zwei Sätze auf den Antwortbogen (ca. 30 Wörter).
Schreiben Sie auch eine Anrede und einen Gruß.

TIPP *Der Anfang und das Ende eines Briefs / einer E-Mail sind wichtig.*

Was passt? Ordnen Sie zu.

Sehr geehrte   Robert
Sehr geehrter   Robert
Sehr geehrte   Herr Schmidt
Liebe   Damen und Herren
Lieber   Frau Maier
Hallo   Claudia
Hallo   Claudia

Viele   Grüßen
Mit freundlichen   Grüße

Lösungsbeispiel

Sehr geehrte Damen und Herren,

ich möchte im Sommer nach München fahren und dort Urlaub machen. Ich habe eine Bitte: Können Sie mir Informationen von günstigen Hotels schicken? Welche Sehenswürdigkeiten gibt es? Ich warte auf Ihre Antwort. Vielen Dank.

Mit freundlichen Grüßen

oder

Sehr geehrte Damen und Herren,

wir möchten im Sommer München besuchen. Wir möchten dort zwei Wochen Urlaub machen. Können Sie uns bitte Informationen schicken? Haben Sie eine Liste mit günstigen Hotels? Was kann man noch im Sommer machen? Vielen Dank für Informationen.

Mit freundlichen Grüßen

Sprechen   circa 15 Minuten

Die Prüfung Sprechen ist eine Gruppenprüfung mit maximal vier Teilnehmern/Teilnehmerinnen und zwei Prüfern/Prüferinnen.

Die Prüfung Sprechen hat drei Teile:

Teil 1   Sie stellen sich vor.
Teil 2   Sie stellen Fragen und antworten auf Fragen.
Teil 3   Sie bitten um etwas und antworten auf Bitten.

In Teil 1 können Sie 3 Punkte bekommen, in Teil 2 gibt es 6 Punkte und in Teil 3 auch 6 Punkte, insgesamt 15 Punkte. Die Zahl 15 wird dann mit 1,66 multipliziert. Sie können also 25 Punkte bekommen (15 x 1,66).

Sprechen Teil 1

Sie sprechen mit dem Prüfer / der Prüferin und stellen sich vor.
Das Gespräch ist kurz. Es dauert nicht länger als zwei Minuten.

Der Prüfer / die Prüferin sagt:
„Erzählen Sie uns ein bisschen. Wer sind Sie? Hier sind einige Wörter zur Hilfe.“

Name?

Alter?

Land?

Wohnort?

Sprachen?

Beruf?

Hobby?

Üben Sie diesen Prüfungsteil jetzt.

Schritt 1: Beantworten Sie die folgenden Fragen schriftlich. Nutzen Sie bei der Vorstellung die Stichwörter *(Name, Alter, Land, Wohnort, Sprachen, Beruf, Hobby)*.

Wie heißen Sie? Was ist Ihr Vorname und Ihr Nachname?

_____

Wie alt sind Sie?

_____

Woher kommen Sie?

_____

Wo wohnen Sie?

_____

Wie heißt die Straße?

_____

Wie ist Ihre Hausnummer?

_____

Wie ist die Postleitzahl?

_____

Haben Sie Telefon? Wie ist Ihre Nummer?

_____

Haben Sie ein Handy? Wie ist Ihre Nummer?

_____

Welche Sprachen sprechen Sie?

_____

Was ist Ihre Muttersprache?

_____

Was sind Sie von Beruf? / Was ist Ihr Beruf?

_____

Haben Sie Kinder?

_____

Was ist Ihr Hobby? / Was machen Sie gern?

_____

Sprechen Teil 1

Das Gespräch ist kurz. Es dauert nicht länger als zwei Minuten.

Was können Sie sagen?

 Schritt 2: Mit den Antworten von Schritt 1 sagen Sie zu jedem Stichwort ein oder zwei Sätze.

Name?
Ich heiße Maria Gonzalez. / Ich bin Maria Gonzalez.
Mein Name ist Maria Gonzalez.
Mein Vorname ist Maria und mein Familienname ist Gonzalez.
Ich buchstabiere meinen Familiennamen: G O N Z A L E Z.

TIPP *In der Prüfung sollen Sie auch etwas buchstabieren: Ihren Namen oder Ihre Straße – Üben Sie Buchstabieren.*

Alter?
Ich bin 30 Jahre alt.

Land?
Ich komme aus Spanien, aus Madrid.

Wohnort?
Ich wohne in Frankfurt, in der Schweizer Straße 12. Die Postleitzahl ist 60594.

Sprachen?
Ich spreche Spanisch und Englisch und ein bisschen Deutsch.
Meine Muttersprache ist Spanisch.

Beruf?
Ich arbeite in einem Büro / in einem Modegeschäft / in einem Restaurant.
Ich bin Sekretärin/Verkäuferin/Kellnerin von Beruf.
Ich gehe noch zur Schule.
Ich habe keinen Beruf. Ich lerne Deutsch.
Ich möchte eine Ausbildung machen.
Ich möchte in Deutschland eine Ausbildung machen.
Ich möchte Lehrerin werden.

Hobby?
Meine Hobbys sind Lesen und Schwimmen. Ich höre auch gern Musik.

Weiter können Sie sagen:
Ich wohne zusammen mit meinem Mann / mit meinem Freund / meiner Frau / mit meiner Freundin.
Wir haben keine Kinder.
Wir haben zwei Kinder, einen Sohn und eine Tochter.
Ich habe Telefon. Meine Nummer ist 069-655 53 21.
Ich habe ein Handy. Meine Nummer ist 160-43 35 62 22.

Sprechen Teil 2

Fragen stellen und antworten.

Sie sprechen in Gruppen, zum Beispiel mit drei anderen Personen. Sie nehmen eine Karte zu einem Thema. Auf der Karte steht ein Wort. Sie stellen Ihrem Partner / Ihrer Partnerin eine Frage mit diesem Wort.

Schritt 1: Sie haben diese Karte. Sie sind Person A. Was sagen Sie? Was sagt Ihr Partner / Ihre Partnerin?

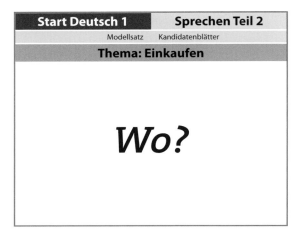

Sie können fragen: *Wo kaufen Sie ein?*

Ihr Partner / Ihre Partnerin (Person B) antwortet zum Beispiel: *Ich kaufe im Supermarkt ein.*

Schritt 2: Ihr Partner / Ihre Partnerin (Person B) nimmt eine andere Karte und fragt Person C.

B fragt jetzt Person C. C antwortet.

B: *Kaufst du am Samstag ein?*
C: *Ich kaufe gern am Samstag ein. Am Samstag habe ich Zeit.*

B kann auch fragen:
Was kaufst du am Samstag?
Wann kaufst du am Samstag ein?
Wo kaufst du am Samstag ein?
Kaufst du am Samstag zusammen mit deiner Familie ein?

👣 Schritt 3: Person C nimmt eine Karte und fragt D.

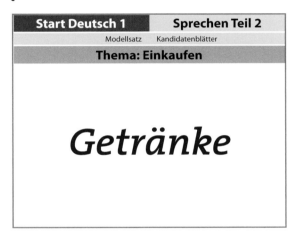

Start Deutsch 1	Sprechen Teil 2
Modellsatz	Kandidatenblätter

Thema: Einkaufen

Getränke

Person C fragt zum Beispiel:
C: *Wo kaufen Sie Getränke?*

und **nicht**:
C: *Was trinken Sie am liebsten?*

Das Thema ist **Einkaufen**.

Schritt 4: Person D nimmt eine andere Karte und fragt Person A.

Start Deutsch 1	Sprechen Teil 2
Modellsatz	Kandidatenblätter
Thema: Einkaufen	

Fleisch

D: *Kaufst Du Fleisch?*
A: *Nein, ich bin Vegetarier.*

Dasselbe mit einem zweiten Thema.

Thema 1
A nimmt eine Karte und fragt B. → B antwortet, nimmt eine Karte und fragt C. → C antwortet, nimmt eine Karte und fragt D. → D antwortet, nimmt eine Karte und fragt A. → A antwortet.

Thema 2
A nimmt eine Karte und fragt B. → B antwortet, nimmt eine Karte und fragt C. → C antwortet, nimmt eine Karte und fragt D. → D antwortet, nimmt eine Karte und fragt A. → A antwortet.

Sie müssen also zweimal eine Frage stellen und zweimal antworten.
Sie können für jede Frage zwei Punkte bekommen und für jede Antwort einen Punkt, insgesamt also 6 Punkte.

Schritt 5: Üben Sie jetzt den Prüfungsteil 2 mit den Schritten 1 bis 4. Fragen Sie und antworten Sie.

Sprechen Teil 2

Sie sollen zu einem Thema Fragen stellen und auf Fragen antworten. Sprechen Sie mit Ihrem Partner / Ihrer Partnerin.

Das erste Thema ist: **Einkaufen**.

Start Deutsch 1	Sprechen Teil 2
Modellsatz	Kandidatenblätter

Thema: Einkaufen

Wo am liebsten?

Start Deutsch 1	Sprechen Teil 2
Modellsatz	Kandidatenblätter

Thema: Einkaufen

Markt

Start Deutsch 1	Sprechen Teil 2
Modellsatz	Kandidatenblätter

Thema: Einkaufen

Gemüse

Start Deutsch 1	Sprechen Teil 2
Modellsatz	Kandidatenblätter

Thema: Einkaufen

Getränke

Start Deutsch 1	Sprechen Teil 2
Modellsatz	Kandidatenblätter

Thema: Einkaufen

Schokolade

Start Deutsch 1	Sprechen Teil 2
Modellsatz	Kandidatenblätter

Thema: Einkaufen

Wann?

Das zweite Thema ist: **Freizeit**

Start Deutsch 1	Sprechen Teil 2
Modellsatz	Kandidatenblätter

Thema: Freizeit

Hobby

Start Deutsch 1	Sprechen Teil 2
Modellsatz	Kandidatenblätter

Thema: Freizeit

Wochenende

Start Deutsch 1	Sprechen Teil 2
Modellsatz	Kandidatenblätter

Thema: Freizeit

Wann?

Start Deutsch 1	Sprechen Teil 2
Modellsatz	Kandidatenblätter

Thema: Freizeit

Fußball

Start Deutsch 1	Sprechen Teil 2
Modellsatz	Kandidatenblätter

Thema: Freizeit

Lieblings-sport

Start Deutsch 1	Sprechen Teil 2
Modellsatz	Kandidatenblätter

Thema: Freizeit

Sonntag

 TIPP *Denken Sie beim Fragen und Antworten an das Thema! Die Fragen und Antworten müssen zum Thema der Karte passen.*

Beispiele für Fragen und Antworten finden Sie im Lösungsheft auf Seite 12.

Sprechen Teil 3

Bitten formulieren und darauf reagieren.

Sie sprechen in Gruppen (zum Beispiel A, B, C und D). Sie nehmen zwei Karten und formulieren zu den Karten zwei Bitten.

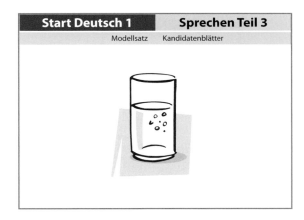

🐾 Schritt 1: Sie (Person A) nehmen eine Karte und sagen eine Bitte.

A: *Ein Glas Wasser bitte.*

oder

A: *Können Sie mir ein Glas Wasser geben?*

oder

A: *Kannst du mir ein Glas Wasser geben?*

🐾 Schritt 2: Ihr Partner / Ihre Partnerin (Person B) antwortet.

Person B antwortet zum Beispiel:

B: *Ja, natürlich, kein Problem.*

👣 Schritt 3: Ihr Partner / Ihre Partnerin (Person B) nimmt eine andere Karte und fragt Person C.

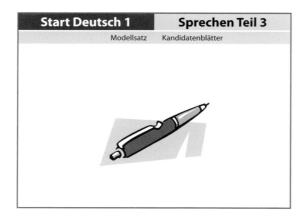

Start Deutsch 1	Sprechen Teil 3
Modellsatz	Kandidatenblätter

B: *Kannst du mir einen Kugelschreiber geben?*

oder

B: *Ich brauche einen Kugelschreiber. Hast du einen Kugelschreiber?*

👣 Schritt 4: Person C antwortet.

C: *Ja, bitte.*

oder

C: *Nein, tut mir leid. Ich habe keinen Kugelschreiber.*

👣 Schritt 5: Person C nimmt eine andere Karte und fragt Person D.

👣 Schritt 6: Person D antwortet, nimmt eine andere Karte und fragt Person A. Person A antwortet.

Sie müssen zwei Bitten formulieren und zweimal antworten:

Bitte 1
A nimmt eine Karte und fragt B. → B antwortet, nimmt eine Karte und fragt C. → C antwortet, nimmt eine Karte und fragt D. → D antwortet, nimmt eine Karte und fragt A. → A antwortet.

Bitte 2
A nimmt eine Karte und fragt B. → B antwortet, nimmt eine Karte und fragt C. → C antwortet, nimmt eine Karte und fragt D. → D antwortet, nimmt eine Karte und fragt A. → A antwortet.

Sie können für jede Bitte zwei Punkte bekommen und für jede Antwort einen Punkt, insgesamt also 6 Punkte.

Üben Sie jetzt den Prüfungsteil 3.

Sprechen Teil 3

Sprechen Sie mit Ihrem Partner / Ihrer Partnerin. Sie haben eine Bitte.

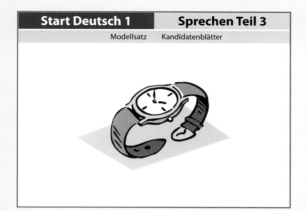

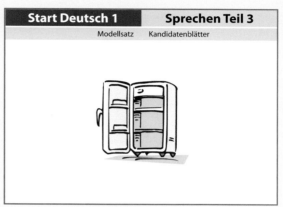

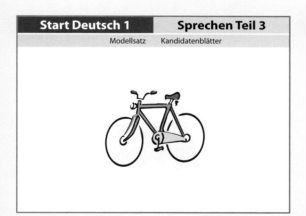

Start Deutsch 1 | **Sprechen Teil 3**
Modellsatz   Kandidatenblätter

Start Deutsch 1 | **Sprechen Teil 3**
Modellsatz   Kandidatenblätter

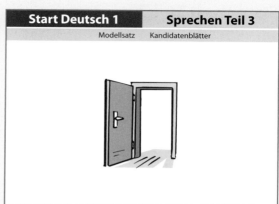

Start Deutsch 1 | **Sprechen Teil 3**
Modellsatz   Kandidatenblätter

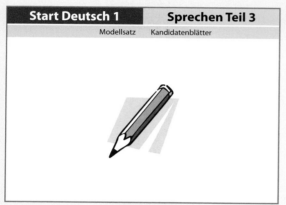

Start Deutsch 1 | **Sprechen Teil 3**
Modellsatz   Kandidatenblätter

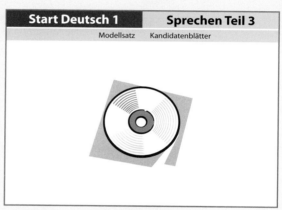

Start Deutsch 1 | **Sprechen Teil 3**
Modellsatz   Kandidatenblätter

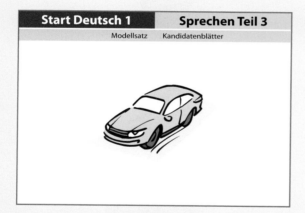

Start Deutsch 1 | **Sprechen Teil 3**
Modellsatz   Kandidatenblätter

Beispiele für Fragen und Antworten finden Sie im Lösungsheft auf Seite 12 und 13.

1 Uhrzeit und Zeitangaben

1 **Was ist richtig? Kreuzen Sie an.**

1. Es ist gleich 14 Uhr.

a

b

c

2. Es ist genau 14 Uhr.

a

b

c

3. Es ist kurz vor 4.

a

b

c

4. Es ist kurz nach 4.

a

b

c

5. Es ist halb 8.

|a| |b| |c|

 2 Hören Sie. Was ist richtig? Kreuzen Sie an: |a|, |b| oder |c|. Sie hören jeden Text zweimal.

1. Wie spät ist es?

|a| 14.30 Uhr. |b| 15.00 Uhr. |c| 15.30 Uhr.

2. Wann kommt der Film?

|a| Um 19.45 Uhr. |b| Um 20.15 Uhr. |c| Um 20.45 Uhr.

3. Wie viel Uhr ist es?

|a| 9.25 Uhr. |b| 19.25 Uhr. |c| 19.52 Uhr.

4. Wann fährt die S-Bahn?

ⓐ Um 17.33 Uhr.   ⓑ Um 17.34 Uhr.   ⓒ Um 17.43 Uhr.

 5. Wann ist der Termin?

ⓐ Um 9.50 Uhr.   ⓑ Um 10.00 Uhr.   ⓒ Um 10.10 Uhr.

 6. Wann schließt der Supermarkt?

ⓐ Um 20 Uhr.   ⓑ Um 20.10 Uhr.   ⓒ Um 22 Uhr.

3 **Das Jahr: Schreiben Sie die Monatsnamen.**

Januar,   Feb_____, _____, _____,

_____, _____, _____, _____,

_____, _____, _____, _____

4 **Es gibt vier Jahreszeiten. Ergänzen Sie.**

Früh_____, S_____, H_____ und W_____.

5 Schreiben Sie die Wochentage.

Montag _____ _____ _____

_____ _____ _____

_____

6 Tageszeiten. Ordnen Sie zu.

9.00 Uhr	am Abend
12.00 Uhr	am Nachmittag
15.00 Uhr	am Morgen / am Vormittag
20 Uhr	in der Nacht
23 Uhr	am Mittag

7 Was ist richtig: am – im – um? Ergänzen Sie.

1. Der Deutschkurs fängt _____ nächsten Montag _____ 18 Uhr an. _____ August sind Ferien.

2. Nadja ist _____ Februar geboren, _____ 2. Februar 1985.

3. _____ Sommer machen wir Urlaub. Wir fahren _____ 1. August nach Italien.

Wichtige Wörter

die Woche	_____	der Frühling	_____
Montag	_____	der Sommer	_____
Dienstag	_____	der Herbst	_____
Mittwoch	_____	der Winter	_____
Donnerstag	_____	der Tag	_____
Freitag	_____	der Morgen	_____
Samstag	_____	der Vormittag	_____
Sonntag	_____	der Mittag	_____
am + *Tag*	_____	der Nachmittag	_____
am Montag	_____	der Abend	_____
das Wochenende	_____	die Nacht	_____
am Wochenende	_____	am Morgen	_____
der Feiertag	_____	am Vormittag	_____
das Jahr	_____	am Mittag	_____
der Monat	_____	am Nachmittag	_____
Januar	_____	am Abend	_____
Februar	_____	in der Nacht	_____
März	_____	der erste August	_____
April	_____	am ersten August	_____
Mai	_____	die Uhrzeit	_____
Juni	_____	Wann?	_____
Juli	_____	Wie spät ist es?	_____
August	_____	Wie viel Uhr ist es?	_____
September	_____	Es ist …	_____
Oktober	_____	ein Uhr	_____
November	_____	halb zwei	_____
Dezember	_____	Viertel vor drei	_____
im + *Monat*	_____	Viertel nach drei	_____
im Januar	_____	fünf (Minuten) vor 4	_____

kurz vor 4   _____

gleich 4   _____

genau 4 Uhr   _____

fünf (Minuten) nach 4   _____

Es ist vierzehn Uhr dreißig.   _____

 = Es ist halb 3.   _____

um 3 Uhr   _____

von 2 bis 3 Uhr   _____

ab 3 Uhr   _____

anfangen   _____

der Anfang   _____

aufhören   _____

das Ende   _____

dauern   _____

2 Angaben zur Person

1 **Ergänzen Sie die Fragewörter.**

> was – wie – wo – woher – wie

1. Guten Tag, _____ geht es Ihnen?

2. _____ wohnen Sie?

3. _____ kommen Sie?

4. _____ sind Sie von Beruf?

5. _____ ist Ihre Adresse?

2 **Schreiben Sie Fragen und Antworten.**

1. Sie / wohnen / wo / ?

   _____

2. ich / in Berlin / wohne / .

   _____

3. wie / es / Ihnen / geht / ?

   _____

4. Danke, / es / mir / gut / geht / .

   _____

5. Sie / sprechen / Deutsch / ?

   _____

6. Ich / ein bisschen / Deutsch / spreche / .

   _____

7. wo / Sie / Deutsch / lernen / ?

   _____

8. Sie / Deutsch / lernen / in Deutschland / ?

   _____

9. ich / Deutsch / lerne / in Spanien / .

   _____

10. jetzt / ich / die A1-Prüfung / mache / .

   _____

3   Die Familie. Ordnen Sie die Wörter und ergänzen Sie die Tabelle.

BRUDERONKELSCHWESTERVATERTANTEMUTTERELTERNTOCHTERGROßVATERSOHNGROßMUTTERGESCHWISTEROMAOPAKINDER

männlich ♂	weiblich ♀	Plural ♀ + ♂
der Bruder	*die Schwester*	*die*

4   Ergänzen Sie.

Adresse – Kinder – Telefonnummer – Bruder – Name – Vorname – Familienname – Vorwahl – Beruf – verheiratet – Postleitzahl – geboren

Mein _____ (1) ist Jesus Suarez. Jesus ist mein _____ (2)

und Suarez mein _____ (3).

Ich bin in Spanien _____ (4) . Ich lebe jetzt in Deutschland.

Mein _____ (5) ist Taxifahrer.

Meine _____ (6) ist Uhlandstraße 12 in Frankfurt.

Die _____ (7) ist 60316.

Ich habe Telefon. Meine _____ (8) ist 458 23 21.

Die _____ (9) für Deutschland ist 0049.

Ich bin _____ (10). Meine Frau ist Deutsche.

Wir haben keine _____ (11).

Ich habe eine Schwester und einen _____ (12) . Beide leben in Spanien.

26 **5a** Wie heißen die Personen? Hören Sie und schreiben Sie die Namen.

1. _____   _____

2. _____   _____

3. _____   _____

4. _____   _____

27 **5b** Wo arbeiten die Personen? Hören Sie und schreiben Sie die Namen.

1. bei der Firma _____   3. bei _____

2. bei _____   4. bei der _____ –Bank

28 **6** Sie wollen telefonieren. Hören Sie und schreiben Sie die Telefonnummern.

1. _____   3. _____

2. _____   4. _____

7 Schreiben Sie die Sätze richtig. Was schreibt man groß? Was steht am Satzende?: „?" oder „."?

1. meinnameistthomasschmid   *Mein Name ist* _____

2. ichwohneinberlin   _____

3. ichbintaxifahrervonberuf   _____

4. wassindsievonberuf   _____

5. habensiekinder   _____

6. undwieistihreadresse   _____

7. meineadresseistleibnizstraße35,frankfurt   _____

8. diepostleitzahlist60316   _____

8 Schreiben und sprechen Sie zwei Dialoge.

~~Hallo, Martin!~~ – Wie geht es Ihnen? – Auch gut, danke. – Es geht. –
Hallo, Peter! – Danke, gut, und Ihnen? – Gut, danke. Und dir? –
~~Guten Abend, Frau Boumard.~~ – Wie geht es dir? – Guten Abend, Herr Becker.

Hallo, Martin! _____   *Guten Abend, Frau Boumard.* _____

_____   _____

_____   _____

_____   _____

_____   _____

9   Fragen stellen und antworten. A nimmt eine Karte und fragt, B antwortet. B nimmt eine Karte
    und fragt. A antwortet. Und so weiter. Schreiben und sprechen Sie.

Wichtige Wörter

der Vorname	_____	Ich bin geboren am …	_____
der Nachname/	_____	das Geburtsdatum	_____
der Familienname	_____	der Geburtstag	_____
heißen	_____	geboren in	_____
buchstabieren	_____	… Jahre alt sein	_____
die Frau	_____	Robert ist 30 Jahre alt.	_____
der Mann	_____	die Familie	_____
die Dame	_____	der Familienstand	_____
der Herr	_____	verheiratet	_____
männlich	_____	ledig	_____
weiblich	_____	heiraten	_____
das Mädchen	_____	die Ehefrau	_____
der Junge	_____	der Ehemann	_____
die Adresse	_____	die Hochzeit	_____
der Wohnort	_____	der Vater	_____
wohnen	_____	die Mutter	_____
leben	_____	die Eltern (Plural)	_____
die Straße	_____	das Kind	_____
der Platz	_____	das Baby	_____
die Nummer	_____	der Sohn	_____
die Hausnummer	_____	die Tochter	_____
die Stadt	_____	der Bruder	_____
die Postleitzahl	_____	die Schwester	_____
das Dorf	_____	die Geschwister (Plural)	_____
das Land	_____	die Großmutter/Oma	_____
das Telefon	_____	der Großvater/Opa	_____
telefonieren	_____	die Großeltern (Plural)	_____
anrufen	_____	die Verwandten (Plural)	_____
die E-Mail	_____	der Freund	_____

die Freundin   _____

der/die Bekannte   _____

der/die Erwachsene   _____

der Jugendliche   _____

der Kindergarten   _____

der Pass   _____

der Reisepass   _____

der Ausweis   _____

die Papiere   _____

das Formular   _____

ein Formular ausfüllen   _____

die Staatsangehörigkeit   _____

der Führerschein   _____

unterschreiben   _____

die Unterschrift   _____

3 Wohnen

1 Mein Zuhause. Ordnen Sie zu.

Das Haus

Der Aufzug

☐ der Aufzug
☐ der Balkon
☐ der Baum
☐ der Garten
☐ das Fenster
☐ die Treppe
☐ die Tür

Die Wohnung

☐ das Wohnzimmer
☐ das Schlafzimmer
☐ das Kinderzimmer
☐ die Küche
☐ das Badezimmer /
   das Bad / die Toilette

☐ das Bett
☐ die Blumen
☐ die Dusche
☐ das Bild
☐ das Handtuch
☐ der Herd

☐ die Kaffeemaschine
☐ der Kühlschrank
☐ die Lampe
☐ der Schlüssel
☐ der Schrank
☐ das Sofa

☐ der Spiegel
☐ der Stuhl
☐ der Tisch
☐ die Uhr
☐ die Waschmaschine
☐ die Toilette / das WC

2   Was gehört wohin? Es gibt mehrere Möglichkeiten.

> das Bett – das Bild – die Dusche – das Handtuch – der Herd – die Kaffeemaschine –
> der Kühlschrank – die Lampe – der Schrank – das Sofa – der Spiegel – der Stuhl –
> der Tisch – die Waschmaschine

Wohnzimmer	Schlafzimmer	Küche	Bad
der Tisch		*der Tisch*	

3   Lesen Sie die E-Mail und die Aufgaben. Kreuzen Sie an: ☐ Richtig ☐ **oder** ☐ Falsch ☐ .

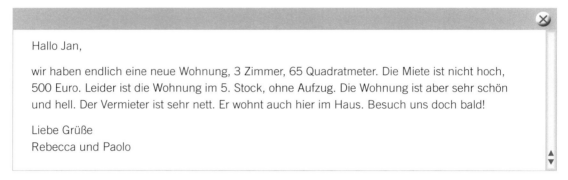

Hallo Jan,

wir haben endlich eine neue Wohnung, 3 Zimmer, 65 Quadratmeter. Die Miete ist nicht hoch,
500 Euro. Leider ist die Wohnung im 5. Stock, ohne Aufzug. Die Wohnung ist aber sehr schön
und hell. Der Vermieter ist sehr nett. Er wohnt auch hier im Haus. Besuch uns doch bald!

Liebe Grüße
Rebecca und Paolo

1. Rebecca und Paolo sind mit ihrer Wohnung nicht zufrieden.	☐ Richtig	☐ Falsch
2. Im Haus gibt es keinen Aufzug.	☐ Richtig	☐ Falsch
3. Der Vermieter wohnt im fünften Stock.	☐ Richtig	☐ Falsch

4   Lesen Sie die Texte. Wo finden Sie Informationen? Kreuzen Sie an: ☐ a ☐ **oder** ☐ b ☐ .

1.   Sie wollen am Samstag umziehen. Sie suchen Hilfe.

www.spedition-eilig.de	www.kurierdienst-schnelle.de
Sie wollen umziehen? Wir helfen Ihnen. Auch am Wochenende. Günstige Preise. **Tel.: 089/457 76 88**	Ihre Papiere und Dokumente bringen wir schnell zum Empfänger. 7 Tage in der Woche, 24 Stunden am Tag. **Mobil: 0160-223 45 887**

☐ a   www.spedition-eilig.de   ☐ b   www.kurierdienst-schnelle.de

2.   Sie machen im Sommer ein Praktikum in Heidelberg. Sie suchen ein billiges Zimmer.

www.wohnungen-online.de	www.kleinewohnungen.com
Wohnungen in **Heidelberg** auch für kurze Zeit – auch viele kleine Wohnungen. *Angebote jede Woche.*	**Heidelberg.** Ab 1. September supergünstige 1-Zimmer-Wohnungen und Apartments. **Kontakt auch telefonisch: 06221-43 22 18**

☐ a   www.wohnungen-online.de   ☐ b   www.kleinewohnungen.com

3. Sie suchen einen neuen Herd. Er soll nicht mehr als 300 Euro kosten.

www.büro-discount.de

BÜRO-DISCOUNT

Bei uns finden Sie alles für Ihr Büro.

Diese Woche:

Farblaserdrucker für unter 300 Euro.

www.alles-für-die-Küche.de.

Superangebote von

Ihrem **Küchenspezialisten**

Alles, was Sie in der Küche brauchen
zu allen Preisen _____

[a] www.büro-discount.de

[b] www.alles-für-die-Küche.de.

5 **Lesen Sie die Texte und die Aufgaben. Kreuzen Sie an:** Richtig **oder** Falsch .

An einer Wohnungstür

Die Wohnung ist leider
schon vermietet.
Montag, 2. Januar
Hans Krause
Vermieter

1. Sie können die Wohnung am Montag besichtigen.   Richtig   Falsch

An der Haustür

Liebe Mieter,

die Firma Knorr macht am Dienstag Reparatur-
arbeiten im Haus. Die Firma muss an diesem Tag
in alle Wohnungen.
Sind Sie am Dienstag nicht zu Hause? Geben Sie
dann bitte Ihren Schlüssel beim Nachbarn oder
bei der Hausverwaltung ab.

Vielen Dank.

2. Sie müssen am Dienstag zu Hause sein.   Richtig   Falsch

6 Fragen stellen und antworten. A nimmt eine Karte und fragt, B antwortet. B nimmt eine Karte und fragt. A antwortet. Und so weiter. Schreiben und sprechen Sie.

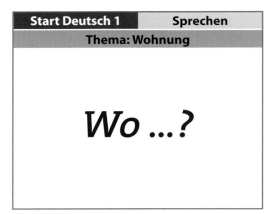

7 Ihr Freund sucht eine Wohnung. Sie möchten ihm helfen. Schreiben Sie ihm eine kurze E-Mail und fragen Sie:

- Wohnung wie groß?
- wann umziehen?
- Miete?

Schreiben Sie einen oder zwei kurze Sätze zu jedem Punkt.

Wie groß …?
Wann …?
Wie hoch …
Möchtest Du …?

Wichtige Wörter

wohnen	_____	der Balkon	_____
die Wohnung	_____	der Garten	_____
das Haus	_____	die Garage	_____
das Zimmer	_____	die Möbel (Plural)	_____
das Wohnzimmer	_____	der Tisch	_____
das Schlafzimmer	_____	der Stuhl	_____
das Kinderzimmer	_____	der Schrank	_____
die Küche	_____	das Bett	_____
das Badezimmer	_____	der Herd	_____
die Toilette / das WC	_____	der Kühlschrank	_____
der Raum	_____	die Dusche	_____
der Quadratmeter	_____	das Handtuch	_____
der Stock (Plural: die Stockwerke)	_____	das Bild	_____
		der Spiegel	_____
im ersten Stock wohnen	_____	die Uhr	_____
die Miete	_____	das Licht	_____
der Mieter	_____	das Licht anmachen	_____
der Vermieter	_____	das Licht ausmachen	_____
vermieten	_____	der Aufzug	_____
umziehen	_____	die Treppe	_____
die Tür	_____	der Balkon	_____
das Fenster	_____	das Apartment	_____
die Wand	_____		
der Eingang	_____		
der Ausgang	_____		

4 Reisen und Verkehr

1 Finden Sie im Suchrätsel acht Verkehrsmittel und schreiben Sie sie mit Artikel.

G	A	T	U	B	B	B	O	S	L	I	T	A	G
A	B	S	T	R	A	ß	E	N	B	A	H	N
A	U	T	O	A	V	T	A	U	G	L	B	O
B	S	C	H	I	F	F	U	Z	I	I	T	S
A	B	F	L	U	G	Z	E	U	G	S	E	U
N	S	-	B	A	H	N	O	G	Z	O	G	K
A	B	F	A	H	R	R	A	D	E	N	O	L

1. *der Bus* _____   5. _____

2. _____   6. _____

3. _____   7. _____

4. _____   8. _____

2 Wie komme ich …? Hören Sie und zeichnen Sie den Weg auf der Karte.

1. Wie komme ich zur Post?
2. Wie komme ich zum Bahnhof?
3. Wie komme ich zur Sprachschule?
4. Wie komme ich zur Haltestelle?

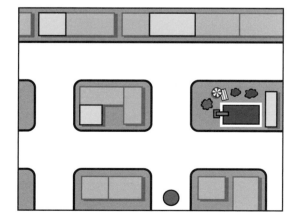

3 Im Reisecenter der Deutschen Bahn. Ergänzen Sie den Dialog.

> Klasse – zahlen – Fahrkarten – zurück – reservieren – fahren – Abfahrt – Ankunft – Gleis

● Guten Tag. Ich möchte zwei _____ (1) nach München.

▶ Guten Tag. Hin und _____ (2)?

● Nein, bitte nur einfach.

▶ Und wann möchten Sie _____ (3)?

● Morgen Mittag.

▶ Gut, dann empfehle ich Ihnen den Zug, _____ (4) um 11.53 Uhr.

● Und wann bin ich in München?

▶ Die _____ (5) ist um 18.05 Uhr, der Zug fährt auf _____ (6) 17 ab.

● Dann bitte zwei Fahrkarten, zweite _____ (7).

▶ Möchten Sie _____ (8)?

● Ja, bitte. Kann ich mit EC-Karte _____ (9)?

▶ Ja, natürlich.

4 Lesen Sie die Texte. Wo finden Sie Informationen? Kreuzen Sie an: a oder b.

1. Sie sind in Frankfurt und möchten am Nachmittag in Heidelberg sein. Sie möchten mit dem Zug fahren. Wo finden Sie Informationen?

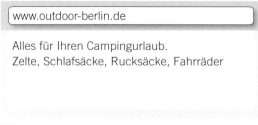

a www.reiseauskunft-bahn.de

b www.reiseauskunft-bahn.de

2. Sie suchen Informationen über Berlin. Wo finden Sie das?

a www.outdoor-berlin.de

b www.ihr-reiseplaner.de

5 Durchsagen.

30 1 Was ist richtig? Kreuzen Sie an: a, b oder c? Sie hören jeden Text zweimal.

1. Auf welchem Gleis fährt der Zug nach Hamburg?

a Gleis 12.   b Gleis 13.   c Gleis 15.

31 2. Wohin sollen Herr und Frau Schmidt gehen?

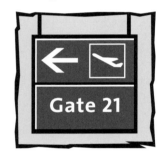

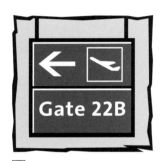

a Zum Flugsteig 12.   b Zum Flugsteig 21.   c Zum Flugsteig 22 B.

32 2 Kreuzen Sie an: Richtig oder Falsch. Sie hören jede Durchsage einmal.

1. Im Zugrestaurant kann man jetzt frühstücken.   Richtig   Falsch
2. Der Zug muss warten.   Richtig   Falsch

3 Durchsagen am Telefon. Was ist richtig? Hören Sie zweimal. Kreuzen Sie an: a, b oder c.

33 1. Wann holt Maria Anja ab?
- a Um 14.15 Uhr.
- b Um 14.30 Uhr.
- c Um 15.00 Uhr.

34 2. Was soll Herr Wagner mitbringen?
- a Sein Ticket.
- b Seinen Ausweis.
- c Geld.

35 3. Wohin soll Frau Gundlach gehen?
- a Zum Informationsschalter.
- b Nach München.
- c Zu Gleis 12.

6 Urlaub. Lesen Sie die E-Mail und die Aufgaben. Kreuzen Sie an: [Richtig] oder [Falsch].

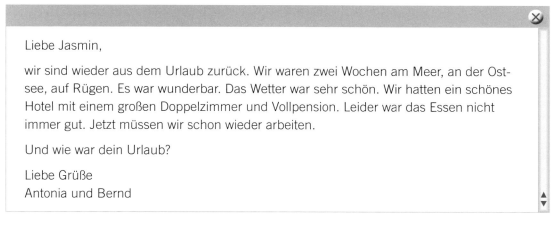

Liebe Jasmin,

wir sind wieder aus dem Urlaub zurück. Wir waren zwei Wochen am Meer, an der Ostsee, auf Rügen. Es war wunderbar. Das Wetter war sehr schön. Wir hatten ein schönes Hotel mit einem großen Doppelzimmer und Vollpension. Leider war das Essen nicht immer gut. Jetzt müssen wir schon wieder arbeiten.

Und wie war dein Urlaub?

Liebe Grüße
Antonia und Bernd

1. Antonia und Bernd hatten einen schönen Urlaub.	Richtig	Falsch
2. Sie hatten Glück mit dem Wetter.	Richtig	Falsch
3. Sie haben gut gegessen.	Richtig	Falsch
4. Sie haben im Urlaub gearbeitet.	Richtig	Falsch

7 Urlaub am Meer. Ergänzen Sie die Verben im Perfekt.

Im Urlaub waren wir in einem Hotel am Meer. Wir sind dort zwei Wochen *geblieben* (bleiben).

Wir haben viel _____ (essen) und _____ (trinken). Abends

haben wir nicht viel _____ (machen). Wir haben viel _____

(schlafen). Wir sind auch nach Hamburg _____ (fahren) und haben viele in-

teressante Sachen _____ (sehen).

bleiben	*ich bin geblieben*	machen	_____
essen	*ich habe*	schlafen	_____
trinken	_____	fahren	_____
sehen	_____		

8 Urlaubswörter. Ergänzen Sie.

Bahnhof – Reise – Gepäck – Koffer – Hotel – besuchen – Reiseführer – Zug – Sehenswürdigkeiten – dauert – fahren

1. Wir machen eine _____ nach Österreich.

2. Wir wollen Wien _____ .

3. Wir haben auch schon einen _____ gekauft.

4. In diesem Buch stehen alle _____ .

5. Wir haben viel _____ , vier _____ und zwei Taschen.

6. Dieses Jahr wollen wir nicht fliegen und auch nicht mit dem Auto _____ .

7. Wir nehmen den _____ .

8. Morgen müssen wir um 11 Uhr am _____ sein.

9. Die Fahrt _____ sieben Stunden.

10. Um 20 Uhr sind wir dann im _____ .

9   Welches Verb passt?

1. Ich möchte ein Zimmer ☐ reservieren ☐ übernachten ☐ ankommen.
2. Wir ☐ gehen ☐ nehmen ☐ fahren mit dem Zug.
3. Bitte alle ☐ einsteigen ☐ aussteigen ☐ abfahren. Der Zug endet hier.
4. Ist es weit? Kann ich zu Fuß ☐ nehmen ☐ laufen ☐ gehen?

10   Welche Verben passen zu den Nomen?

1.	der Abflug	_____	5. die Haltestelle	_____
2.	die Ankunft	_____	6. die Reise	_____
3.	die Abfahrt	_____	7. die Reservierung	_____
4.	die Fahrt	_____	8. die Übernachtung	_____

11   Welche Wörter mit BAHN kennen Sie? Notieren Sie.

Straßenbahn _____

_____

12   Thema Urlaub. Hier sind Antworten. Schreiben Sie Fragen.

1. _____? Ich mache im Sommer Urlaub.

2. _____? Ich fahre am liebsten ans Meer.

3. _____? Ich nehme immer wenig Gepäck mit.

4. _____? Ich reise gern mit dem Zug.

5. _____? Am liebsten im Hotel.

Wichtige Wörter

der Weg	_____	rufen	_____
den Weg zeigen	_____	der Führerschein	_____
den Weg suchen	_____	das Flugzeug	_____
wo	_____	fliegen (mit)	_____
wohin	_____	der Flughafen	_____
wie weit	_____	der Bahnhof	_____
wie lange	_____	die Haltestelle	_____
geradeaus	_____	die Linie	_____
links	_____	abfahren	_____
rechts	_____	die Abfahrt	_____
die Ecke	_____	abfliegen	_____
das Auto	_____	der Abflug	_____
der Bus	_____	ankommen	_____
das Fahrrad	_____	die Ankunft	_____
der Zug	_____	die Fahrt	_____
die Straßenbahn	_____	von … nach …	_____
die U-Bahn	_____	dauern	_____
das Taxi	_____	einsteigen	_____
das Schiff	_____	aussteigen	_____
mit dem Auto / mit dem Bus / mit dem Zug … fahren	_____	umsteigen	_____
mit dem Rad/Fahrrad fahren	_____	ab	_____
parken	_____	an	_____
halten	_____	die Fahrkarte	_____
Stopp!	_____	das Ticket	_____
die Autobahn	_____	hin und zurück einmal, zweimal …	_____
der Unfall	_____	der Platz	_____
die Polizei	_____	reservieren	_____

erste, zweite Klasse	_____	das Einzelzimmer	_____
das Gepäck	_____	das Doppelzimmer	_____
der Koffer	_____	mit Dusche/Bad	_____
die Tasche	_____	ohne Dusche/Bad	_____
die Reisetasche	_____	mit Frühstück	_____
der Urlaub	_____	ohne Frühstück	_____
die Ferien (Plural)	_____	die Halbpension	_____
Urlaub machen	_____	die Vollpension	_____
Ferien machen	_____	Schöne Ferien!	_____
frei haben	_____	Gute Reise!	_____
die Reise	_____		
reisen	_____		
der Tourist / die Touristin	_____		
die Information	_____		
das Reisebüro	_____		
der Reiseführer	_____		
der Ausflug	_____		
besichtigen	_____		
besuchen	_____		
die Sehenswürdigkeit	_____		
das Hotel	_____		
die Pension	_____		
die Rezeption	_____		
reservieren	_____		
das Formular	_____		
ausfüllen	_____		
die Nummer	_____		
der Schlüssel	_____		
zahlen, bezahlen	_____		
das Zimmer	_____		

5 Essen und Trinken

1 Suchen Sie Lebensmittel und ordnen Sie sie zu. Schreiben Sie die Wörter mit Artikel.

B	I	R	N	E	E	R	B	R	O	T	Q	F	B	W	T
A	P	F	E	L	S	E	R	E	I	O	M	I	U	E	S
R	F	N	I	B	R	Ö	T	C	H	E	N	S	T	I	C
E	H	K	M	I	L	C	H	E	T	E	Ê	C	T	N	H
I	S	A	L	E	K	A	F	F	E	E	K	H	E	S	I
S	A	F	T	R	L	B	A	N	A	N	E	G	R	Ä	N
H	Ä	H	N	C	H	E	N	K	U	C	H	E	N	L	K
K	Ä	S	E	W	A	S	S	E	R	S	A	L	A	T	E
K	A	R	T	O	F	F	E	L	T	O	M	A	T	E	N
B	P	O	M	M	E	S	F	R	I	T	E	S	D	A	A

Getränke

_____

_____

_____

_____

_____

_____

Milchprodukte

_____

_____

_____

Sonstiges

der Reis

_____

_____

_____

_____

Obst

_____

_____

Backwaren

_____

_____

_____

Wurst und Fleisch

_____

_____

Gemüse

_____

_____

2 Lesen Sie den Text und die Sätze. Kreuzen Sie an: ☐ Richtig ☐ oder ☐ Falsch ☐.

> Anna isst zum Frühstück gern zwei Brötchen mit Käse. Sie trinkt Tee, sie mag keinen Kaffee.
> Dann geht sie zur Arbeit, sie arbeitet in einem Büro. In der Mittagspause isst sie meistens
> eine Suppe. Sie trinkt ein Wasser oder einen Saft. Zum Abendessen isst sie meistens nicht
> warm, sie isst dann Brot mit Wurst oder Käse. Am Wochenende kocht sie gern. Am nächsten
> Samstag gibt es Fisch mit frischem Gemüse.

1. Anna frühstückt im Büro.   ☐ Richtig   ☐ Falsch
2. Mittags isst sie warm.   ☐ Richtig   ☐ Falsch
3. Zum Abendessen isst sie meistens Fisch.   ☐ Richtig   ☐ Falsch

3 **Und Sie? Was essen und trinken Sie gern …**

a) zum Frühstück?

_____

_____

_____

b) zum Mittagessen?

_____

_____

_____

c) zum Abendessen?

_____

_____

_____

4 **Was essen und trinken Sie nicht gern?**

_____

_____

_____

5 **Was haben Sie gestern gegessen und getrunken?**

Gestern habe ich _____

_____

_____

6 Im Restaurant bestellen. Ordnen Sie den Dialog und schreiben Sie.

Eine Tomatensuppe und einen Salat, gerne. Und was möchten Sie trinken?

~~Guten Tag, ich möchte gern bestellen. Haben Sie eine Speisekarte?~~

Dann bitte einen Apfelsaft.

Bitte schön, hier ist die Speisekarte.

Oh, tut mir leid, wir haben im Moment keine warmen Getränke. Die Kaffeemaschine ist kaputt.

Ich nehme die Tomatensuppe und einen Salat.

Einen Kaffee, bitte.

Guten Tag. Ich möchte gern bestellen. Haben Sie eine Speisekarte? _____

_____

_____

_____

_____

_____

_____

7 Bezahlen. Ergänzen Sie den Dialog.

● Ich möchte bezahlen. Die R __ __ __ __ __ __ __ bitte.

▶ Bitte schön. Eine Tomatensuppe, einen Salat und der Apfelsaft, das m __ __ __ __ € 10,75.

● Muss ich b __ __ zahlen oder geht's auch mit Karte?

▶ Sie können natürlich mit Karte zahlen.

● Ich b __ __ __ __ __ __ b __ __. 12 Euro – der Rest ist für Sie.

8 Fragen stellen und antworten. A nimmt eine Karte und fragt, B antwortet. B nimmt eine Karte und fragt. A antwortet. Und so weiter. Schreiben und sprechen Sie.

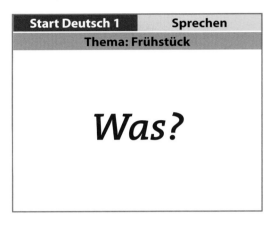

Start Deutsch 1	Sprechen
Thema: Frühstück	

Was?

Start Deutsch 1	Sprechen
Thema: Frühstück	

Mit wem?

Start Deutsch 1	Sprechen
Thema: Frühstück	

Wann?

Start Deutsch 1	Sprechen
Thema: Frühstück	

*am Wochen-
ende*

9 Sie haben einen Wunsch. Schreiben Sie Bitten und Antworten.

Beispiel

● Kannst du mir bitte ein Glas Wasser geben? / Können Sie mir bitte ein Glas Wasser geben?

▶ Ja, gern.

_____

_____

_____

_____

_____

_____

_____

_____

_____

_____

_____

_____

_____

_____

_____

6 Lebensmittel einkaufen

36 **1** **Wie teuer sind …? Hören Sie und ergänzen Sie die Preise.**

die Äpfel	die Birnen	die Tomaten	die Kartoffeln	die Bananen
das Kilo:	das Kilo:	das Pfund:	das Kilo:	das Pfund:

_____ _____ _____ _____ _____

37 **2** **Was kostet …? Hören Sie und ergänzen Sie die Preise.**

ein Weißbrot	eine Packung Pommes	ein Liter Milch	eine Flasche Wasser	eine Flasche Apfelsaft

_____ _____ _____ _____ _____

38 **3** **Was kauft der Mann? Was ist richtig? Hören Sie zweimal und kreuzen Sie an.**

a Äpfel und Birnen   b Äpfel und Bananen   c Äpfel, Birnen und Bananen

39 **4** **Was ist heute im Angebot? Was ist richtig? Hören Sie zweimal und kreuzen Sie an.**

a Fisch   b Schinken   c Hähnchen

5 **Was passt? Kreuzen Sie an.**

1. Was kostet ein Kilo Tomaten?
   a 2 € 50.
   b 2 € 50 zurück.
   c Das macht zusammen 2 € 50.

2. Haben Sie noch einen Wunsch?
   a Ja, gern.
   b Nein, danke.
   c Nein, bitte.

3. Was möchten Sie?
   a Ich hätte gern Birnen.
   b Ja, das ist alles.
   c Ich habe Birnen.

4. Möchten Sie noch ein Pfund Kaffee?
   a Ja, lieber Tee.
   b Ja, gern.
   c Ja, ich habe Hunger.

5. Ist heute Käse im Angebot?
   a Ja, Käse ist heute sehr günstig.
   b Ja, unser Käse schmeckt heute sehr gut.
   c Ja, unser Käse ist etwas teuer, aber sehr gut.

6   Lesen Sie die Texte und die Aufgabe. Kreuzen Sie an: Richtig **oder** Falsch .

1.   Supermarkt – am Fenster:

> ### NATURANA-SUPERMARKT
> Öffnungszeiten ab dem 2. Januar
> täglich von 9.00 - 22.00 Uhr
> samstags: 9.00 - 20.00 Uhr

Am Freitagabend können Sie einkaufen.   Richtig   Falsch

2.   Information im Getränkemarkt:

> _Ab sofort:_ Günstige Getränkepreise
> Säfte und Mineralwasser, Bier und Wein

Schon heute kann man billig einkaufen.   Richtig   Falsch

3.   An einer Bäckerei:

> *Jeden Sonntagmorgen von 8 – 12 Uhr frische Brötchen.*
>
> Außerdem: Kaffee, Cappuccino, Espresso zum Mitnehmen. Zu günstigen Preisen.

In der Bäckerei kann man Kaffee trinken.   Richtig   Falsch

Wichtige Wörter

essen	_____	die Küche	_____
trinken	_____	die Suppe	_____
Hunger haben	_____	Guten Appetit!	_____
Durst haben	_____	das Geschäft	_____
das Frühstück	_____	die Bäckerei	_____
frühstücken	_____	der Supermarkt	_____
das Mittagessen	_____	geöffnet (von – bis)	_____
das Abendessen	_____	die Lebensmittel (Plural)	_____

das Brot	_____	der Saft	_____
das Brötchen	_____	das Bier	_____
die Butter	_____	der Wein	_____
die Milch	_____	kaufen	_____
der Käse	_____	einkaufen	_____
das Ei	_____	verkaufen	_____
der Fisch	_____	das Angebot	_____
das Fleisch	_____	günstig, billig	_____
das Hähnchen	_____	teuer	_____
der Schinken	_____	mögen	_____
das Gemüse	_____	brauchen	_____
die Tomate	_____	nehmen	_____
die Kartoffel	_____	es gibt	_____
die Pommes (frites) (Plural)	_____	das Kilo(gramm)	_____
der Salat	_____	das Pfund	_____
das Öl	_____	das Gramm	_____
die Nudeln (Plural)	_____	kosten	_____
der Kuchen	_____	der Preis	_____
das Obst	_____	bezahlen/zahlen	_____
die Orange	_____	bar (bezahlen)	_____
der Apfel	_____	die Kasse	_____
die Banane	_____	das Geld	_____
die Birne	_____	der Euro	_____
die Zitrone	_____	das Restaurant	_____
der Reis	_____	das Café	_____
das Salz	_____	die Speisekarte	_____
das Getränk	_____	bestellen	_____
das Wasser	_____	die Rechnung	_____
der Kaffee	_____	bekommen	_____
der Tee	_____		

Prüfungstraining | Start Deutsch 1 | © Cornelsen Schulverlage GmbH, Berlin. Alle Rechte vorbehalten.

7 Freizeit

1 Hobbys. Was ist was? Ordnen Sie zu.

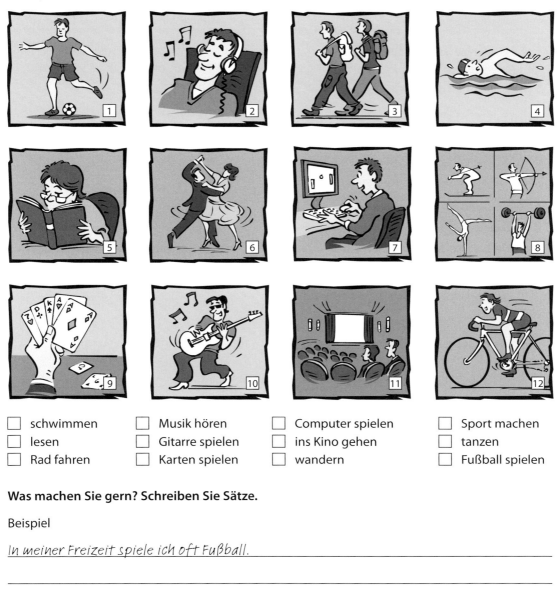

☐ schwimmen	☐ Musik hören	☐ Computer spielen	☐ Sport machen
☐ lesen	☐ Gitarre spielen	☐ ins Kino gehen	☐ tanzen
☐ Rad fahren	☐ Karten spielen	☐ wandern	☐ Fußball spielen

2 Was machen Sie gern? Schreiben Sie Sätze.

Beispiel

In meiner Freizeit spiele ich oft Fußball.

_____

_____

3 Über Hobbys sprechen. Positiv oder negativ? Ordnen Sie zu.

Das finde ich toll. – Das finde ich langweilig. – Das ist super. – Das gefällt mir. – Das gefällt mir nicht. – Das finde ich schön. – Das finde ich sehr schön. – Das ist interessant. – Das ist uninteressant. – Das mag ich. – Das mag ich nicht.

☺	☹

4 Lesen Sie die Texte und die Aufgaben. Welche Anzeige passt? Kreuzen Sie an.

1. Sie möchten Karten für ein Konzert kaufen.

---

www.kulturshop.de

Exklusiver Vorverkauf
Bestellen Sie Ihre Tickets online.
Rock – Pop – Jazz – Klassik.

---

www.eventstotal.com

Für das Konzert der Spin Rockers
am 14. Februar gibt es leider keine
Karten mehr.

---

[a] www.kulturshop.de

[b] www.eventstotal.com

2. Sie suchen einen Sportverein.

---

www.sport-blog.de

Wie soll ich Sport machen?
Sportverein: ja oder nein?
Lesen Sie pro und contras auf unserer
Seite.

---

www.sportcenter-mitte.de

**Im Januar beginnt unser neues Kurs-
programm.**
Auch Kurse für Fitness, Pilates, Yoga und
Tanzen. Günstige Angebote

---

[a] www.sport-blog.de

[b] www. sportcenter-mitte.de

3. Sie möchten einen neuen Fußball für Ihren Sohn kaufen.

---

www.kids.de

*Bei uns gibt es alles, was Ihrem Kind
gefällt: Sportartikel, Spiele und vieles
mehr.*

---

www.kinderwelt.de

Modische Kleidung für die Kleinen.
Viele Sonderangebote.

---

[a] www.kids.de

[b] www. kinderwelt.de

40 **5** Hören Sie und kreuzen Sie an: [Richtig] **oder** [Falsch] .

1. Angelika, Julia und ihre Tochter gehen heute Abend ins Kino.   [Richtig]   [Falsch]

2. Heute gibt es kein Fußballspiel.   [Richtig]   [Falsch]

41 **6** Hören Sie. Was ist richtig? Kreuzen Sie an: [a], [b] oder [c].

1. Wo wollen sich Robert und Uwe treffen?
   [a] Im Schwimmbad.
   [b] Zu Hause.
   [c] Beim Konzert.

42

2. Was möchte Jasmin am Samstag machen?

    a Kochen.

    b Fernsehen.

    c Ins Kino gehen.

7 **Ihr Freund Alberto Gonzalez möchte sich in einem Sportverein anmelden. Er ist 30 Jahre alt, seine Hobbys sind Schwimmen und Ballspiele. Er möchte ab sofort in den Sportverein. Er hat keine Kreditkarte. Heute ist der 1. Dezember. Schreiben Sie für ihn fünf Informationen in das Formular.**

Sportverein TUS – Neustadt

ANMELDUNG

Familienname:	*Gonzalez*
Vorname:	*Alberto*
Straße, Hausnummer:	*Aachener Straße 12*
Postleitzahl, Wohnort:	*50567 Köln*
Alter:	_____ (1)
Geschlecht	❏ männlich ❏ weiblich (2)
Interessen/Sportarten:	_____ (3)
Zahlungsweise	❏ bar
	❏ Kreditkarte (4)
Ab wann wollen Sie beim Verein mitmachen?	*ab* _____ (5)
Unterschrift:	*Alberto Gonzalez*

Wichtige Wörter

die Freizeit	_____	Rad fahren	_____
die Ferien (Plural)	_____	spazieren gehen	_____
der Urlaub	_____	in die Disco gehen	_____
Ferien/Urlaub machen	_____	die Disco	_____
Ferien/Urlaub haben	_____	das Museum, Museen	_____
das Hobby	_____	der Verein	_____
spielen	_____	der Sportverein	_____
Fußball spielen	_____	sich anmelden	_____
der Ball	_____	die Anmeldung	_____
Karten spielen	_____	das Schwimmbad	_____
Gitarre spielen	_____	gefallen	_____
Musik hören	_____	das gefällt mir	_____
die Musik	_____	das gefällt mir nicht	_____
die CD	_____	schön	_____
wandern	_____	interessant	_____
schwimmen	_____	mögen	_____
lesen	_____	ich mag	_____
das Buch	_____	es gibt	_____
die Zeitung	_____	geöffnet (sein)	_____
fernsehen	_____	auf (sein) / offen (sein)	_____
tanzen	_____	geschlossen (sein)	_____
der Computer	_____	zu (sein/haben)	_____
Computer spielen	_____	(von – bis)	_____
der Sport	_____	die Karte	_____
Sport machen	_____	die Eintrittskarte	_____
ins Kino gehen	_____	das Ticket	_____
das Kino	_____	kaufen	_____
einen Film sehen	_____	reservieren	_____
der Film	_____	(sich) treffen	_____

8 Post und Bank

1a Lösen Sie das Kreuzworträtsel.

Waagrecht:

1 Gehen Sie bitte zum … Dort bekommen Sie Hilfe.
4 Dort kann man Geld einzahlen.
6 Ich möchte nicht bar zahlen. Ich möchte das Geld …
7 Kannst du zur … gehen und den Brief abgeben?
8 Bezahlen Sie bitte die Rechnung auf unser …, Nummer 233 433-505.
9 So heißt meine Adresse auf einem Brief.

Senkrecht:

2 Diese Person bekommt den Brief.
3 ein Formular …
4 Ein Brief ist nur mit einer … gültig, zum Beispiel 58 Cent.
5 Am Telefon: Herr Schulze antwortet nicht. Die Nummer ist …

1b Ergänzen Sie die Dialoge mit Wörtern aus dem Kreuzworträtsel.

1. Guten Tag. Ich möchte 200 Euro _____.

   Haben Sie die _____nummer?

   Ja, das ist bei der DSH-Bank, die Nummer ist …

2. Guten Tag. Wie viel kostet ein Brief nach Frankreich?

   58 Cent.

   Dann bitte eine _____ für 58 Cent.

3. Wo kann ich Überweisungsformulare bekommen?

   Gehen Sie bitte zum _____ 8.

2 Am Telefon. Ergänzen Sie die Sätze.

telefoniere – besetzt – anrufen – Anrufbeantworter – Sprechen – Telefonnummer

1. Hier ist der _____ von Paul und Anja Schmidt. Wir sind nicht zu Hause.

   _____ Sie bitte nach dem Piep.

2. Hallo, Frau König. Ich habe jetzt leider keine Zeit. Können Sie mir Ihre

_____ geben? Wann kann ich Sie _____ ?

3. Die Nummer von Herrn Hellmann ist immer _____ .

4. Ich _____ jeden Abend mit meiner Freundin.

3. Was passt? Unterstreichen Sie.

1. ein Formular	unterschreiben	ausfüllen	bekommen	anrufen
2. Briefmarken	kaufen	überweisen	ankreuzen	bezahlen
3. eine E-Mail	überweisen	schicken	bekommen	bestellen

Wichtige Wörter

die Post	_____	besetzt	_____
der Brief	_____	die Bank	_____
die Postkarte	_____	der Schalter	_____
schicken	_____	das Geld	_____
bekommen	_____	bar zahlen	_____
abholen	_____	zahlen/bezahlen	_____
die Briefmarke	_____	die Kreditkarte	_____
der Absender	_____	das Konto, die Konten	_____
der Empfänger	_____	überweisen	_____
die Adresse	_____	das Formular	_____
das Telefon	_____	ausfüllen	_____
das Handy	_____	ankreuzen	_____
das Fax	_____	unterschreiben	_____
die Telefonnummer	_____	der Geldautomat	_____
das Telefonbuch	_____	das Internet	_____
telefonieren	_____	die E-Mail / Mail	_____
der Anruf	_____	der Computer	_____
anrufen	_____	Pass, Reisepass	_____
der Anrufbeantworter	_____	der Ausweis	_____
sprechen (mit)	_____	gültig	_____

9 Beim Arzt

1 Suchen Sie 12 Körperteile und notieren Sie sie mit Artikel.

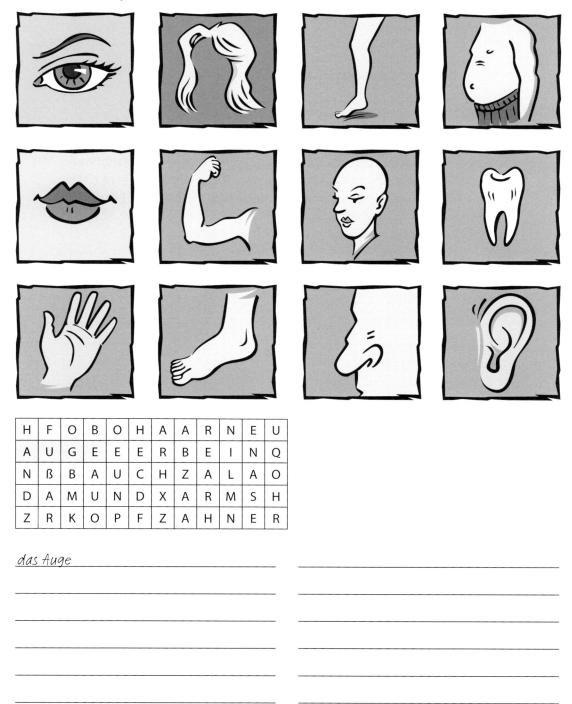

H	F	O	B	O	H	A	A	R	N	E	U
A	U	G	E	E	E	R	B	E	I	N	Q
N	ß	B	A	U	C	H	Z	A	L	A	O
D	A	M	U	N	D	X	A	R	M	S	H
Z	R	K	O	P	F	Z	A	H	N	E	R

das Auge _____   _____

_____   _____

_____   _____

_____   _____

_____   _____

2 **Welche Körperteile passen zu den Verben? Notieren Sie**

1. hören _____
4. schreiben _____

2. sprechen _____
5. schwimmen _____

3. lesen _____
6. laufen _____

3 **Lesen Sie die Texte und die Aufgaben. Kreuzen Sie an:** [Richtig] **oder** [Falsch] **.**

1.

> Sehr geehrter Herr Lohmann,
>
> leider kann ich morgen, am Donnerstag, nicht zu unserem Termin nach
> Berlin kommen. Ich hatte im Urlaub einen Unfall mit dem Fahrrad. Mein
> Bein tut sehr weh und ich glaube, ich habe auch ein bisschen Fieber.
> Morgen muss ich deshalb zum Arzt gehen. Ich rufe Sie morgen Abend an.
> Wir können dann einen anderen Termin ausmachen.
>
> Viele Grüße
> Franz Bauer

		Richtig	Falsch
1.	Herr Bauer ist krank.	Richtig	Falsch
2.	Er hat am Donnerstag Urlaub.	Richtig	Falsch
3.	Er war schon beim Arzt.	Richtig	Falsch

2.

> – Information der Arztpraxis Dr. Scholl –
>
> Liebe Patienten,
>
> wir sind im Urlaub. In dringenden Fällen können Sie den ärztlichen Notdienst anrufen:
> Tel.: 069 19292 oder unseren Kollegen Dr. Meisner: Tel. 069 45 99 23.
>
> Ab dem 1. September sind wir wieder für Sie da. Beachten Sie unsere neuen Öffnungs-
> zeiten: Mo.– Fr. von 8 –18 Uhr, Mittagspause: 13 –14 Uhr, am Mittwoch schließen wir
> bereits um 13 Uhr.
> Notfallsprechstunde ab 1. September auch samstagvormittags von 9 –12 Uhr.
>
> Ihr Praxisteam

		Richtig	Falsch
1.	Die Praxis ist geschlossen.	Richtig	Falsch
2.	Dr. Scholl hat eine neue Telefonnummer.	Richtig	Falsch
3.	Im September können Sie jeden Nachmittag zu Dr. Scholl gehen.	Richtig	Falsch

4 Eine Entschuldigung schreiben.

Sie können morgen nicht in den Deutschkurs kommen. Sie sind krank. Schreiben Sie an Ihre Lehrerin Frau Groß.

– Warum schreiben Sie?
– Wann können Sie wieder kommen?
– Hausaufgaben?

Schreiben Sie zu jedem Punkt einen oder zwei Sätze.

_____

_____

_____

_____

_____

_____

Wichtige Wörter

das Auge	_____	Es geht mir gut/schlecht.	_____
die Hand	_____	schlafen	_____
der Arm	_____	ins Bett gehen	_____
das Bein	_____	im Bett liegen	_____
der Kopf	_____	krank	_____
der Fuß	_____	das Fieber	_____
der Mund	_____	der Arzt, die Ärztin	_____
der Zahn	_____	der Zahnarzt,	_____
die Nase	_____	die Zahnärztin	_____
das Ohr	_____	der Doktor	_____
das Haar	_____	die Apotheke	_____
der Bauch	_____	das Medikament	_____
weh tun	_____	die Praxis	_____
Wie geht es Ihnen? /	_____	geöffnet (sein)	_____
Wie geht es dir?	_____	geschlossen (sein)	_____

10 Kleidung

1 Was ist was? Ordnen Sie zu.

	die Hose		das Hemd		die Jacke		die Schuhe
	die Jeans		der Pullover		der Mantel		der Rock

2 Schuhe kaufen. Ordnen Sie den Dialog und schreiben Sie.

~~Guten Tag, ich suche Sportschuhe.~~
Nein, sie kosten nur 55 Euro. Sie sind im Angebot.
Die Größen 44 und 45 stehen rechts oben. Bitte schön.
Schauen Sie mal, Schuhe sind dort am Fenster. Welche Größe haben Sie?
Gut, ich nehme die Schuhe. Wo kann ich bezahlen?
Größe 44.
Die Schuhe gefallen mir gut. Sind sie teuer?
Die Kasse ist dort hinten links.

Guten Tag, ich suche Sportschuhe. _____

_____

_____

_____

_____

_____

_____

_____

_____

3 Adjektive. Was ist das Gegenteil? Notieren Sie.

1. teuer – _____

2. groß – _____

3. kurz – _____

4. neu – _____

5. hässlich – _____

6. langweilig – _____

7. schwarz – _____

4 Ihr Bekannter Sergej Brodsky möchte online zwei Jeans Modell Prado 511 in Schwarz bestellen. Er hat die Größe 34/32 und möchte mit Rechnung bezahlen. Er wohnt in Frankfurt, in der Dahlmannstraße 15, die Postleitzahl ist 60385. Schreiben Sie für ihn fünf Informationen in das Formular.

Online-Versand *Prado* – Jeans für alle

BESTELLUNG

Familienname: *Brodsky* _____

Vorname: *Sergej* _____

Straße, Hausnummer: _____ (1)

Postleitzahl, Wohnort: _____ (2)

Meine Bestellung:	Menge	Farbe	Größe
Jeans, Prado 511	2	_____ (3)	_____ (4)

Mein Zahlungswunsch ❏ Überweisung ❏ online mit Kreditkarte (5)

Unterschrift: *Sergej Brodsky* _____

5 Hören Sie. Was ist richtig? Kreuzen Sie an: a, b oder c. Sie hören jeden Text zweimal.

1. Was kostet die Jacke?

a 49 Euro   b 94 Euro   c 154 Euro

2. Wohin soll Herr Wang gehen?

a In den 1. Stock.   b In den 2. Stock.   c In den 3. Stock.

Wichtige Wörter

die Kleidung	_____	das Geschäft	_____
der Pullover	_____	der Laden	_____
der Rock	_____	der Verkäufer	_____
die Hose	_____	die Verkäuferin	_____
das Hemd	_____	der Kunde	_____
die Schuhe (Plural)	_____	die Kundin	_____
die Jacke	_____	bestellen	_____
der Mantel	_____	die Bestellung	_____
die Jeans	_____	die Überweisung	_____
die Größe	_____	überweisen	_____
die Farbe	_____	die Kredikarte	_____
schwarz	_____	bar zahlen	_____
weiß	_____	der Preis	_____
grau	_____	das Angebot	_____
rot	_____	günstig, billig	_____
blau	_____	teuer	_____
gelb	_____	zahlen/bezahlen	_____
grün	_____	(sich) anziehen	_____
braun	_____	(sich) ausziehen	_____
die Kasse	_____		

11 Schule, Arbeit, Beruf

1 Welche Wörter passen am besten zu Schule, welche Wörter passen am besten zu Arbeit?
Machen Sie eine Liste.

der Job – die Klasse – arbeiten – der Lehrer – die Chefin – Geld verdienen –
die Prüfung – der Unterricht – der Arbeiter – das Büro – der Kurs – arbeitslos –
der Arbeitsplatz – das Praktikum – lernen – die Firma – der Schüler – die Schülerin –
die Ausbildung – die Lehrerin – der Chef – selbstständig – die Stelle – die Hausaufgaben

Schule

die Klasse

_____

_____

_____

_____

_____

_____

_____

_____

_____

_____

Arbeit/Beruf

der Job

_____

_____

_____

_____

_____

_____

_____

_____

_____

_____

2 Welche Wörter aus 1 passen?

1. Was müssen wir für morgen lernen? Was sind die _____?

2. In der _____ von meinem Sohn sind 20 Schüler.

3. Wir haben morgen keinen _____. Die Lehrerin ist krank.

4. Susanne hat keine Arbeit mehr. Sie ist _____.

5. Tatjana macht ein _____ bei einer großen Zeitung. Dort lernt sie für den Beruf.

6. Anja arbeitet _____. Sie hat keinen Chef.

7. Sie möchte viel Geld _____.

3   Lesen Sie die Texte und die Aufgaben. Wo finden Sie Informationen? Kreuzen Sie an: a
     oder b.

1.   Ihr Drucker ist kaputt. Sie brauchen Hilfe.

www.drucker-online.de	www.computerundco.de
Neue Modelle aller Marken zu günstigen Preisen. Wir nehmen Ihren alten Drucker in Zahlung. Bei Bestellung gibt es 500 Blatt Kopierpapier gratis.	Probleme mit Ihrem Computer? Reparaturdienst rund um die Uhr. Wir reparieren auch Drucker, Scanner usw.

a   www.drucker-online.de   b   www.computerundco.de

2.   Für Ihr Büro brauchen Sie Papier und Stifte.

www.marktplatz.de	www.kantore.de
Gesucht: Kopierpapier – Angebote bitte an 0160-2344878	Büromaterial schnell und günstig Alles was Sie zum Schreiben brauchen Auch Büromöbel

a   www.marktplatz.de   b   www.kantora.de

4   Lesen Sie die Texte und die Aufgaben. Kreuzen Sie an: [Richtig] oder [Falsch] .

1.   An der Volkshochschule

> Die Volkshochschule zieht um.
> Unterricht erst wieder am 1.4.

Der Unterricht ist heute in einem anderen Haus.   [Richtig]   [Falsch]

2.   Im Büro

> **Ab sofort ist das Rauchen
> in allen Büroräumen verboten.**

Sie dürfen ab heute im Büro nicht mehr rauchen.   [Richtig]   [Falsch]

3. In der Kantine / im Firmenrestaurant

Neue Öffnungszeiten

Mo–Do 10–15 Uhr und 17–20 Uhr.
Fr 10–15 Uhr.

Sie können am Freitagabend Essen bekommen.

Richtig   Falsch

5   Fragen stellen und antworten. A nimmt eine Karte und fragt, B antwortet. B nimmt eine Karte
und fragt. A antwortet. Und so weiter. Schreiben und sprechen Sie.

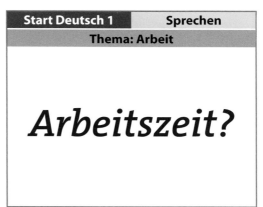

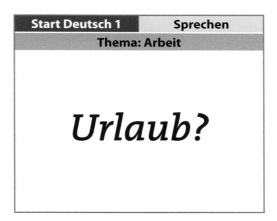

6 Sie haben einen Wunsch. Schreiben Sie Bitten und Antworten.

Beispiel

● Kannst du mir bitte das Wörterbuch geben? / Können Sie mir bitte das Wörterbuch geben?

▸ Ja, gern.

Wichtige Wörter

die Schule	_____	die Chefin	_____
die Klasse	_____	der Kollege	_____
der Lehrer	_____	die Kollegin	_____
die Lehrerin	_____	die Firma, Firmen	_____
der Schüler	_____	das Büro	_____
die Schülerin	_____	arbeitslos	_____
lernen	_____	der Arbeiter	_____
der Unterricht	_____	das Praktikum, Praktika	_____
der Kurs	_____	die Ausbildung	_____
die Pause	_____	eine Ausbildung machen	_____
die Hausaufgabe	_____	der Urlaub	_____
die Prüfung	_____	selbstständig	_____
die Lösung	_____	die Stelle	_____
der Fehler	_____	Geld verdienen	_____
die Arbeit	_____	eine schwere Arbeit	_____
der Beruf	_____	eine leichte Arbeit	_____
er ist Mechaniker von Beruf	_____ _____	das Internet	_____
		der Computer	_____
der Arbeitsplatz	_____	der Drucker	_____
der Job	_____	der Bleistift	_____
arbeiten	_____	der Kugelschreiber	_____
der Chef	_____	der Schreibtisch	_____

Hören Teil 1

Was ist richtig? Kreuzen Sie an: a, b **oder** c.
Sie hören jeden Text zweimal.

Beispiel

45 **0** Wann soll die Frau das Medikament nehmen?

a Zusammen mit dem Abendessen.　　b Vor dem Abendessen.　　☒ Nach dem Abendessen.

46 **1** Wie spät ist es jetzt?

a Halb 3.　　　　　　b Halb 4.　　　　　　c Zehn nach halb 4.

47 **2** Welches Zimmer bekommt Herr Pauli?

a Zimmer 121.　　　　b Zimmer 212.　　　　c Zimmer 211.

3 Was soll Anja mitbringen?

[a] Getränke.

[b] Essen.

[c] Musik.

4 Mit wem telefoniert Tom?

[a] Mit seiner Mutter.

[b] Mit seiner Tante.

[c] Mit seiner Freundin.

5 Wo ist die Frau?

[a] Am Schwimmbad.

[b] Am Bahnhof.

[c] An der Sprachschule.

6 Wann beginnt der Deutschkurs?

[a] Im Juli.   [b] Im August.   [c] Im September.

Hören Teil 2

Kreuzen Sie an: ☐ Richtig **oder** ☐ Falsch .
Sie hören jeden Text einmal.

Beispiel:

52 **0** Die S-Bahn hält heute auf Gleis 103. ~~Richtig~~ ☐ Falsch

53 **7** Heute fahren keine U-Bahnen zum Südbahnhof. ☐ Richtig ☐ Falsch

54 **8** Kaffee ist heute billig. ☐ Richtig ☐ Falsch

55 **9** Der Bus kommt um 17.30 Uhr in Friedberg an. ☐ Richtig ☐ Falsch

56 **10** Im Zugrestaurant gibt es heute keinen Kuchen. ☐ Richtig ☐ Falsch

Hören Teil 3

Was ist richtig? Kreuzen Sie an: ☐a☐, ☐b☐ **oder** ☐c☐.
Sie hören jeden Text zweimal.

57 **11** Wann hat das Reisebüro wieder geöffnet?

☐a☐ Am 15. April.
☐b☐ Am 30. April.
☐c☐ Am 2. Mai.

58 **12** Wo treffen sich die Freundinnen?

☐a☐ Vor dem Kino.
☐b☐ In der Disco.
☐c☐ Vor der Schule.

59 **13** Wie ist die Nummer der Volkshochschule?

☐a☐ 069 21 26 56 46.
☐b☐ 069 21 25 56 46.
☐c☐ 069 21 25 66 64.

60 **14** Wie kommt Ewa zur Schule?

☐a☐ Mit dem Bus.
☐b☐ Mit dem Fahrrad.
☐c☐ Zu Fuß.

61 **15** Was soll Frau Krüger mitbringen?

☐a☐ Ein Formular.
☐b☐ Ihren Ausweis.
☐c☐ Einen Computer.

Lesen Teil 1

Lesen Sie die beiden Texte und die Aufgaben 1 bis 5.
Kreuzen Sie an: ⬚ Richtig ⬚ **oder** ⬚ Falsch ⬚ .

Beispiel:

0 Kristina macht ein Fest. R̶i̶c̶h̶t̶i̶g̶   ⬚ Falsch ⬚

Hallo Kristina,

vielen Dank für die Einladung zu deiner Party. Ich komme gern. Du schreibst, ich kann bei dir übernachten. Vielen Dank! Dann muss ich kein Hotel suchen.

Ich habe noch eine Frage: Kann ich auch meine Freundin Andrea mitbringen? Sie kommt aus Spanien und ist zurzeit bei mir auf Besuch. Schreib mir kurz! Danke und bis bald.

Ich freue mich auf die Party!

Liebe Grüße
Maria

---

1 Maria übernachtet im Hotel.   ⬚ Richtig ⬚   ⬚ Falsch ⬚

2 Maria hat Besuch aus Spanien.   ⬚ Richtig ⬚   ⬚ Falsch ⬚

Lieber Herr Schmidt,

vielen Dank für Ihre Mail. Leider kann ich Sie am Montag, dem 18. März, um 15 Uhr nicht besuchen. Ich habe an diesem Tag noch andere Kundentermine.

Wir können uns aber nach 19 Uhr treffen oder gerne auch am 19. März.
An diesem Tag habe ich den ganzen Tag frei.

Viele Grüße
Georg Bauer

---

3 Herr Bauer möchte Herrn Schmidt besuchen.   ⬚ Richtig ⬚   ⬚ Falsch ⬚

4 Herr Bauer hat am 18. März abends Zeit.   ⬚ Richtig ⬚   ⬚ Falsch ⬚

5 Herr Bauer hat am 19. März keine Termine.   ⬚ Richtig ⬚   ⬚ Falsch ⬚

Lesen Teil 2

Lesen Sie die Texte und die Aufgaben 6 bis 10.
Wo finden Sie Informationen? Kreuzen Sie an: ⓐ **oder** ⓑ.

Beispiel:

0 Sie sind in Köln und möchten am Abend in Frankfurt sein. Sie möchten mit dem Zug fahren.

www.reiseauskunft-bahn.de			
Bahnhof	Zeit	Dauer	Gleis
Köln	ab 18.44	1:09	8
Frankfurt	an 19.53		

www.reiseportal.de			
Bahnhof	Zeit	Dauer	Gleis
Köln	ab 13.55	2:20	6
Frankfurt	an 16.15		

☒ www.reiseauskunft-bahn.de   ⓑ www.reiseportal.de

6 Sie möchten am Sonntagmittag essen gehen und draußen sitzen.

ⓐ www.zur-mühle.de   ⓑ www.zum-schwan.de

7 Sie möchten ein neues Fahrrad kaufen.

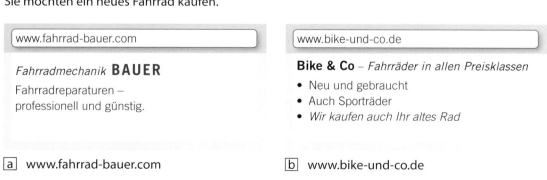

ⓐ www.fahrrad-bauer.com   ⓑ www.bike-und-co.de

8 Sie möchten am Wochenende tanzen gehen.

www.weber-tanz.de

Tanzschule Weber

Sie wollen tanzen lernen?
☞ Von Standard bis Latin / auch Einzelkurse
Kurse Mo–Fr ab 19 Uhr
Samstags Kurse für Anfänger

a | www.weber-tanz.de

www.velvet.de

Discoparty im Velvet-Club
Wie jeden Samstag auch diese Woche
die Ü 30 Party –
für alle, die Spaß haben wollen

b | www.velvet.de

9 Sie möchten mit drei Freunden Hessen kennenlernen.

www.deutsche-bahn.de

Hessenticket jetzt für nur 31 Euro

Bis zu 5 Personen können für 31 Euro einen
Tag durch ganz Hessen fahren.

So viel Sie wollen – mit Bus und Bahn

a | www.deutsche-bahn.de

www.ticketshop.com

Ticketshop **EVENT** – *jetzt auch in Hessen*

Jetzt im Vorverkauf
Karten für Musicals, Shows, Konzerte

Bequem von zu Hause bestellen

b | www.ticketshop.com

10 Es ist Samstag. Ihr Computer ist kaputt. Sie suchen schnell Hilfe.

www.compuservice.de

Probleme mit Ihrem Computer?

Wir reparieren Ihren Computer schnell und
zuverlässig. **24-Stunden-Service.**

a | www.compuservice.de

www.techniker.de

Wir kaufen Ihre Altgeräte:

von Toastern bis zu Computern,
von Kühlschränken bis zu Smartphones.

Samstags bis 20 Uhr geöffnet.

b | www.techniker.de

Lesen Teil 3

Lesen Sie die Texte und die Aufgaben 11 bis 15.
Kreuzen Sie an: ☐ Richtig ☐ **oder** ☐ Falsch ☐ .

Beispiel:

In einer Sprachschule:

> **In der gesamten Sprachschule**
> **ist Rauchen verboten!**

0 Sie dürfen hier nicht rauchen. ~~Richtig~~ ☐ Falsch

11 An einer Bäckerei:

> **Bäckerei Krause**
> Wir sind umgezogen.
> Sie finden uns jetzt in
> der Bahnhofstraße 10.

In der Bahnhofstraße 10 kann man Brot kaufen. ☐ Richtig ☐ Falsch

12 An einer Bank

> **Volksbank**
> **Öffnungszeiten:**
> Mo–Fr 9–18 Uhr
> Sa 9–12 Uhr

Sie können am Samstagnachmittag in der Bank Geld überweisen. ☐ Richtig ☐ Falsch

13 An einer Haltestelle:

> Wegen Bauarbeiten ist die Haltestelle verlegt
> ▬➤ 200 Meter rechts ▬➤ ▬➤ ▬➤ ▬➤ ▬➤
> an der Ecke Münchner Straße / Kaiserstraße

Es gibt eine andere Haltestelle. | Richtig | Falsch |

14 Am Eingang eines Restaurants:

> Restaurant *Zur Eiche*
>
> Wegen Urlaub bis
> zum 1. September geschlossen

Im September ist das Restaurant geschlossen. | Richtig | Falsch |

15 Im Hotel:

> Frühstück gibt es Mo–Sa von 7–10 Uhr,
> sonntags von 8–10 Uhr
> im Frühstückssaal im ersten Stock.

Man kann jeden Tag um 7 Uhr frühstücken. | Richtig | Falsch |

Schreiben Teil 1

Ihre Freundin, Kristina Pinnow, möchte ihren Sohn Oleg beim Sportverein TGB anmelden. Oleg ist 12 Jahre alt und möchte Fußball spielen. Familie Pinnow wohnt in 60385 Frankfurt, in der Leibnizstraße 35. Frau Pinnow möchte den Mitgliedsbeitrag alle drei Monate überweisen.

Helfen Sie Ihrer Freundin und schreiben Sie die fünf fehlenden Informationen in das Formular. Am Ende schreiben Sie Ihre Lösungen bitte auf den Antwortbogen.

Sportverein TGB

ANMELDUNG

Name des Kindes:	*Pinnow*	(0)
Vorname des Kindes:		(1)
Straße	*Leibnitzstraße 35*	
PLZ / Ort	*60385 Frankfurt*	
Alter	*12 Jahre*	
Geschlecht	❑ männlich ❑ weiblich	(2)
Interessen:		(3)

Monatsbeitrag
Kinder bis 12 Jahre   ❑ 5 €
Kinder von 13 – 18 Jahren   ❑ 8 €   (4)

zahlbar durch Abbuchung von Konto 315560-606
bei der Postbank Frankfurt BLZ 500 100 60
Zahlungsweise:

❑ monatlich   ❑ vierteljährlich   ❑ halbjährlich   (5)

Unterschrift des Vaters / der Mutter

Kristina Pinnow

Schreiben Teil 2

Sie haben eine neue Wohnung und möchten das feiern. Schreiben Sie eine Einladung zu Ihrer Party.

- – Warum schreiben Sie?
- – Wann ist die Party?
- – Was mitbringen?

 Schreiben Sie zu jedem Punkt ein bis zwei Sätze auf den Antwortbogen (circa 30 Wörter). Die Antwortbogen sind auf Seite 156 und auf Seite 158. Schreiben Sie auch eine Anrede und einen Gruß.

Sprechen Teil 1

Sich vorstellen.
Sagen Sie etwas über sich: Wie heißen Sie? Wie alt sind Sie? …

Name?
_____

Alter?
_____

Land?
_____

Wohnort?
_____

Sprachen?
_____

Beruf?
_____

Hobby?

TIPP *Sagen Sie zu jedem Thema etwas. In der Prüfung müssen Sie oft auch etwas buchstabieren, zum Beispiel Ihren Namen oder Ihren Wohnort. Üben Sie, Namen zu buchstabieren.*

Sprechen Teil 2

Um Informationen bitten und Informationen geben. Thema: Reisen.

Nehmen Sie eine Karte. Sie fragen und antworten in der Gruppe.

Start Deutsch 1	Sprechen Teil 2
Modellsatz	Kandidatenblätter
Thema: Reisen	

Wohin?

Start Deutsch 1	Sprechen Teil 2
Modellsatz	Kandidatenblätter
Thema: Reisen	

Hotel

Start Deutsch 1	Sprechen Teil 2
Modellsatz	Kandidatenblätter
Thema: Reisen	

Urlaub

Start Deutsch 1	Sprechen Teil 2
Modellsatz	Kandidatenblätter
Thema: Reisen	

Länder

Start Deutsch 1	Sprechen Teil 2
Modellsatz	Kandidatenblätter
Thema: Reisen	

Auto

Start Deutsch 1	Sprechen Teil 2
Modellsatz	Kandidatenblätter
Thema: Reisen	

Wann?

Um Informationen bitten und Informationen geben. Thema: Essen und Trinken.

Sprechen Teil 3

Bitten formulieren und darauf reagieren.

Nehmen Sie zwei Karten. Fragen und antworten Sie.

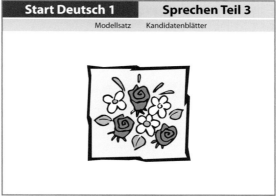

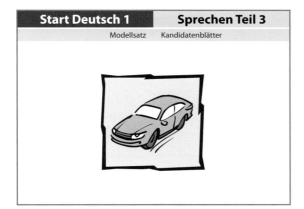

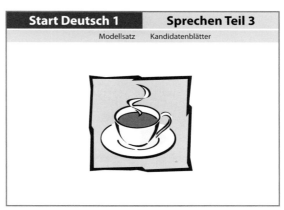

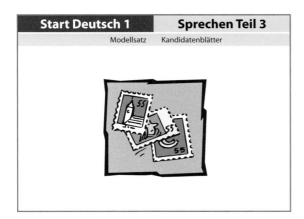

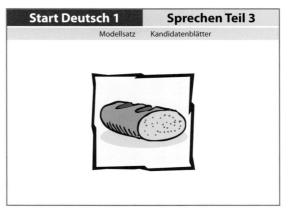

Start Deutsch 1 — Sprechen Teil 3
Modellsatz   Kandidatenblätter

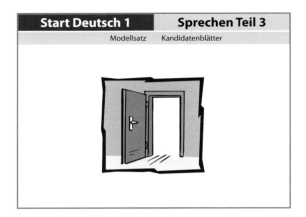

Start Deutsch 1 — Sprechen Teil 3
Modellsatz   Kandidatenblätter

Start Deutsch 1 — Sprechen Teil 3
Modellsatz   Kandidatenblätter

Start Deutsch 1 — Sprechen Teil 3
Modellsatz   Kandidatenblätter

Start Deutsch 1 — Sprechen Teil 3
Modellsatz   Kandidatenblätter

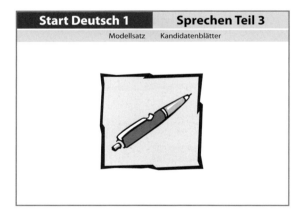

Start Deutsch 1 — Sprechen Teil 3
Modellsatz   Kandidatenblätter

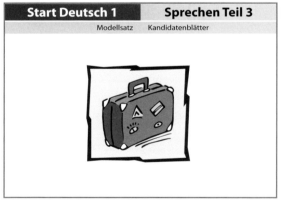

Hören Teil 1

Was ist richtig? Kreuzen Sie an: [a], [b] **oder** [c].
Sie hören jeden Text zweimal.

Beispiel:

 62 **0**   Wie fährt die Familie in den Urlaub?

[a] Mit dem Flugzeug.   [b] Mit dem Auto.   ☒ Mit dem Zug.

63 **1**   Was bestellt die Frau?

[a] Fisch.   [b] Suppe.   [c] Salat.

64 **2**   In welche Klasse geht Anja?

[a] In die erste Klasse.   [b] In die zweite Klasse.   [c] In die siebte Klasse.

3 Was macht Ewa heute Abend?

| a | Ins Café gehen. | b | Einen Film sehen. | c | Lernen. |

4 Was kosten die Tomaten?

| a | 1 € 15. | b | 1 € 50. | c | 1 € 65. |

5 Wie lange dauert der Deutschkurs?

 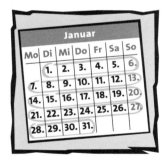

| a | 5 Tage. | b | 20 Tage. | c | 1 Monat. |

6 Wann ist die Party?

a Am Samstag.

b Am Sonntag.

c Am Freitag.

Hören Teil 2

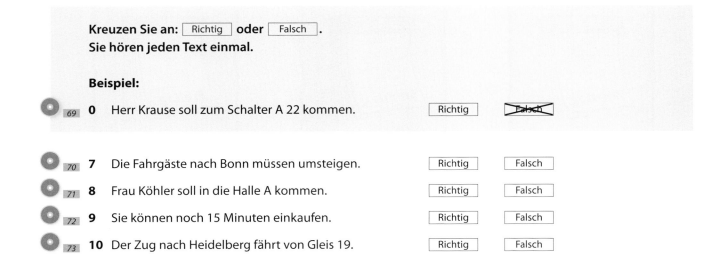

Kreuzen Sie an: ⬜ Richtig **oder** ⬜ Falsch .
Sie hören jeden Text einmal.

Beispiel:

69   **0**   Herr Krause soll zum Schalter A 22 kommen.   ⬜ Richtig   ⬜ ~~Falsch~~

70   **7**   Die Fahrgäste nach Bonn müssen umsteigen.   ⬜ Richtig   ⬜ Falsch

71   **8**   Frau Köhler soll in die Halle A kommen.   ⬜ Richtig   ⬜ Falsch

72   **9**   Sie können noch 15 Minuten einkaufen.   ⬜ Richtig   ⬜ Falsch

73   **10**   Der Zug nach Heidelberg fährt von Gleis 19.   ⬜ Richtig   ⬜ Falsch

Hören Teil 3

Was ist richtig? Kreuzen Sie an: a, b **oder** c.
Sie hören jeden Text zweimal.

74 **11** Wann kann Herr Lohmann einen Termin haben?

    a Am Dienstag um 14 Uhr.
    b Am Mittwoch um 10 Uhr.
    c Heute um 18 Uhr.

75 **12** Was ist kaputt?

    a Der Computer.
    b Der Drucker.
    c Das Handy.

76 **13** Wie viel kostet die Reparatur?

    a 75 Euro 50.
    b 57 Euro 50.
    c 18 Euro 30.

77 **14** Wo genau treffen sich die Freunde?

    a Vor der Apotheke.
    b Vor dem Bahnhof.
    c Am Flughafen.

78 **15** Was soll Ricardo machen?

    a Nach Post und Blumen sehen.
    b Den Schlüssel holen.
    c Auf einen Anruf warten.

Lesen Teil 1

Lesen Sie die beiden Texte und die Aufgaben 1 bis 5.
Kreuzen Sie an: [Richtig] **oder** [Falsch] .

Beispiel:

0   Frau Helbich ist die Lehrerin von Andrea.   ~~[Richtig]~~   [Falsch]

Sehr geehrte Frau Helbich,

ich möchte meine Tochter Andrea entschuldigen. Sie hat Fieber und kann nicht zur Schule kommen. Nächste Woche kann sie wieder kommen. Können Sie mir bitte die Hausaufgaben sagen – am besten per Mail?

Danke und viele Grüße
Julia Schmidt

---

1   Das Kind von Frau Schmidt ist krank.   [Richtig]   [Falsch]

2   Frau Schmidt möchte die Hausaufgaben wissen.   [Richtig]   [Falsch]

Hallo Robert,

wie geht es dir? Du, Robert, wir möchten nächsten Sommer an der Nordsee Urlaub machen. Du warst doch letzten Sommer dort. Kannst du mir ein paar Tipps geben, kannst du mir etwas empfehlen? Vielleicht fahren wir auch ein paar Tage nach Hamburg. Kennst du gute Hotels? Welche Sehenswürdigkeiten gibt es dort?

Wir können uns ja bald mal wieder treffen. Dann lade ich dich zu einem Glas Wein ein.

Viele Grüße
Fabian

---

3   Fabian sucht Informationen über Urlaub an der Nordsee.   [Richtig]   [Falsch]

4   Robert und Fabian waren noch nie in an der Nordsee.   [Richtig]   [Falsch]

5   Fabian möchte Robert in Hamburg treffen.   [Richtig]   [Falsch]

Lesen Teil 2

Lesen Sie die Texte und die Aufgaben 6 bis 10.
Wo finden Sie Informationen? Kreuzen Sie an: ☐a oder ☐b.

Beispiel:

0 Sie möchten für Ihren Sohn eine neue Jeans kaufen.

www.kids-sport.de	www.kinderwelt.de
Ihr Kind möchte Sport machen?	**Modische Kleidung**
Bei uns finden Sie alles, was Ihrem Kind gefällt: Sportartikel, Spiele und vieles mehr.	*für die Kleinen.*
	Viele Sonderangebote.

☐a www.kids-sport.de   ☒ www.kinderwelt.de

6 Sie suchen Informationen über München.

www.münchen-outdoor.de	www.meine-stadt.de
Ihr Outdoor-Laden jetzt auch in München.	Klicken Sie auf eine **Stadt** in Deutschland.
Alles für Ihren Urlaub.	Klicken Sie dann auf
Campingsachen, Schlafsäcke, Rucksäcke, Fahrräder	**Hotels – Sehenswürdigkeiten – Was ist los in …**

☐a www.münchen-outdoor.de   ☐b www.meine-stadt.de

7 Sie möchten in einem Restaurant Fisch essen.

www.viva-andaluz.com	www.tapas-co.de
Essen in angenehmer Atmosphäre	**Tapas und Co.**
Fleisch- und Fischspezialitäten	*Lebensmittelimport aus Spanien und Südamerika*
aus dem Mittelmeerraum	**Fische und Meeresfrüchte**
Öffnungszeiten täglich 18–24 Uhr	Auch online bestellen

☐a www.viva-andaluz.com   ☐b www.tapas-co.de

8 Sie machen im Sommer einen Deutschkurs in Berlin. Sie suchen ein billiges Zimmer.

www.wohnungsfinder.de

Supergünstige 1-Zimmer-Wohnungen und Apartments überall in Deutschland.

Angebote gibt es jeden Monat.

www.wohnungsbörse.de

Suche dringend für Juli kleine Wohnung oder Zimmer in Berlin – gerne auch möbliert.
Bitte rufen Sie mich an: 0033-1-567 88 88

a www.wohnungsfinder.de

b www.wohnungsbörse.de

9 Sie suchen eine Arbeit. Sie können nicht Auto fahren.

www.euro-pizza.de

EURO-PIZZA

sucht Fahrer für die Auslieferung von Pizzen und Getränken.
Ab sofort

www.praxis-markt.de

PRAXIS-MARKT

sucht ab sofort Verkäufer/Verkäuferinnen
- Arbeitszeiten flexibel
- gute Bezahlung

a www.euro-pizza.de

b www.praxis-markt.de

10 Sie suchen einen neuen Kühlschrank. Er soll nicht mehr als 300 Euro kosten.

www.alles-für-die-küche.de

Superangebote von Ihrem

Küchenspezialisten

Alles, was Sie in der Küche brauchen, zu günstigen Preisen.

www.küchenchef.de

Keine Idee, was sie kochen können?

Mehr als 300 Kochrezepte auf dieser Seite.

Einfach ausprobieren.

a www.alles-für-die-küche.de

b www.küchenchef.de

Lesen Teil 3

Lesen Sie die Texte und die Aufgaben 11 bis 15.
Kreuzen Sie an: ☐ Richtig ☐ **oder** ☐ Falsch ☐ .

Beispiel:

An der Tür eines Restaurants:

> Restaurant »**Zur Marktschänke**«
> sucht Kellner/Kellnerinnen.
> Wechselnde Arbeitszeiten,
> 17 bis 20 Uhr oder 20 bis 23 Uhr
> Gerne auch Studenten/Studentinnen

0 Die Arbeitszeit ist immer von 17 bis 23 Uhr. ☐ Richtig ☐ ☒ Falsch ☒

11 In der Sprachschule:

> Griechischlehrer/in gesucht.
> Die Volkshochschule sucht ab sofort
> KursleiterInnen für Griechischkurse
> auf allen Stufen.

Hier gibt es Sprachkurse für Griechen. ☐ Richtig ☐ ☐ Falsch ☐

12 An der Post:

> **Räder abstellen verboten**

Sie dürfen hier keine Räder abstellen. ☐ Richtig ☐ ☐ Falsch ☐

13 Beim Zahnarzt:

Dr. Kern

Sprechstunde

Mo–Di, Do–Fr 9 – 12 Uhr, 14 – 18 Uhr
Mi 9 – 12 Uhr.

Am Vormittag ist die Praxis immer geöffnet.

Richtig   Falsch

14 Im Kaufhaus:

Weihnachten steht vor der Tür

Haben Sie schon alle Geschenke?

*An den vier Sonntagen vor
Weihnachten haben wir für Sie geöffnet*

Am Sonntag vor Weihnachten können Sie einkaufen.

Richtig   Falsch

15 An einer Videothek:

Videothek **SATURN**

Neueröffnung am **1. Juni**

In zwei Wochen können Sie
in der Heidestraße
DVDs kaufen und ausleihen.

Sie können ab sofort in der Heidestraße DVDs bekommen.

Richtig   Falsch

Schreiben Teil 1

Ihr Freund, Julian Kirkpatrick, möchte im Hotel Seeblick in Cuxhaven ein Zimmer für sich und seine Frau vom 3.–8. Juni reservieren. Seine Frau und er möchten nicht im Hotel frühstücken. Er möchte gern einen Fernseher im Zimmer haben und zwei Fahrräder mieten. Julian wohnt in Berlin.

Helfen Sie Ihrem Freund und schreiben Sie die fünf fehlenden Informationen in das Formular. Am Ende schreiben Sie Ihre Lösungen bitte auf den Antwortbogen.

HOTEL
Seeblick
– Cuxhaven –

Reservierung

Name	*Kirkpatrick*	(0)
Vorname	*Julian*	
Straße	*Urbanstraße 12*	
PLZ / Ort	*10961*	(1)
Anreise	*3. Juni*	
Abreise		(2)

❏ Einzelzimmer   ❏ Doppelzimmer   (3)

❏ Frühstück   ❏ kein Frühstück   (4)

Besondere Wünsche _____ (5)

Unterschrift   *Julian Kirkpatrick*

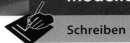
Schreiben Teil 2

Sie wollen heute Abend mit einem Freund / einer Freundin ins Kino gehen. Sie sind aber krank und können nicht. Schreiben Sie Ihrem Freund / Ihrer Freundin eine SMS.

–   Warum schreiben Sie?
–   Wie geht es Ihnen?
–   Wann treffen?

 Schreiben Sie zu jedem Punkt ein bis zwei Sätze auf den Antwortbogen (circa 30 Wörter). Die Antwortbogen sind auf Seite 156 und auf Seite 158. Schreiben Sie auch eine Anrede und einen Gruß.

Sprechen Teil 1

Sich vorstellen.
Sagen Sie etwas über sich: Wie heißen Sie? Wie alt sind Sie? …

Name?

Alter?

Land?

Wohnort?

Sprachen?

Beruf?

Hobby?

Sprechen Teil 2

Um Informationen bitten und Informationen geben. Thema: Lernen.

Nehmen Sie eine Karte. Sie fragen und antworten in der Gruppe.

Um Informationen bitten und Informationen geben. Thema: Sport.

Start Deutsch 1	**Sprechen Teil 2**
Modellsatz	Kandidatenblätter
Thema: Sport	

Fußball

Start Deutsch 1	**Sprechen Teil 2**
Modellsatz	Kandidatenblätter
Thema: Sport	

Fahrrad fahren

Start Deutsch 1	**Sprechen Teil 2**
Modellsatz	Kandidatenblätter
Thema: Sport	

schwimmen

Start Deutsch 1	**Sprechen Teil 2**
Modellsatz	Kandidatenblätter
Thema: Sport	

wandern

Start Deutsch 1	**Sprechen Teil 2**
Modellsatz	Kandidatenblätter
Thema: Sport	

Verein

Start Deutsch 1	**Sprechen Teil 2**
Modellsatz	Kandidatenblätter
Thema: Sport	

Wochenende

Sprechen Teil 3

Bitten formulieren und darauf reagieren.

Nehmen Sie zwei Karten. Fragen und antworten Sie.

Start Deutsch 1	Sprechen Teil 3
Modellsatz	Kandidatenblätter

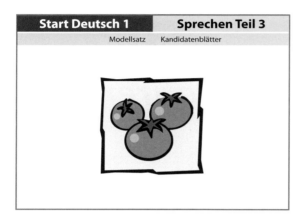

Start Deutsch 1	Sprechen Teil 3
Modellsatz	Kandidatenblätter

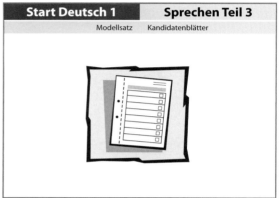

Start Deutsch 1	Sprechen Teil 3
Modellsatz	Kandidatenblätter

Start Deutsch 1	Sprechen Teil 3
Modellsatz	Kandidatenblätter

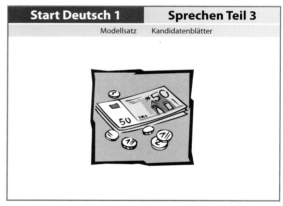

Start Deutsch 1	Sprechen Teil 3
Modellsatz	Kandidatenblätter

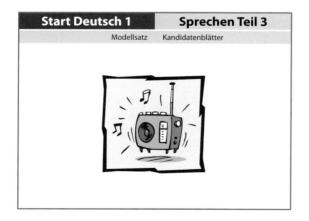

Start Deutsch 1	Sprechen Teil 3
Modellsatz	Kandidatenblätter

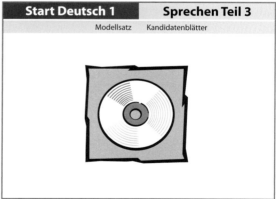

Start Deutsch 1	Sprechen Teil 3
Modellsatz	Kandidatenblätter

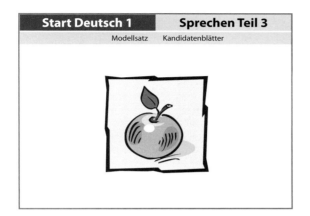

Start Deutsch 1	Sprechen Teil 3
Modellsatz	Kandidatenblätter

Start Deutsch 1	Sprechen Teil 3
Modellsatz	Kandidatenblätter

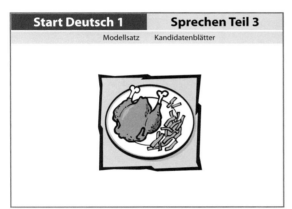

Start Deutsch 1	Sprechen Teil 3
Modellsatz	Kandidatenblätter

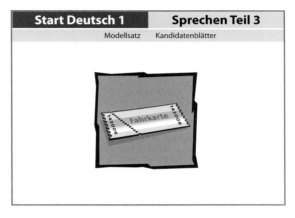

Start Deutsch 1	Sprechen Teil 3
Modellsatz	Kandidatenblätter

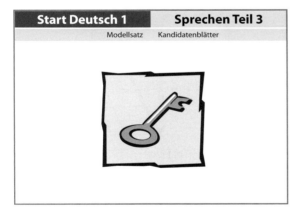

Start Deutsch 1	Sprechen Teil 3
Modellsatz	Kandidatenblätter

Hören Teil 1

TIPP *Die Aufnahmen zu den Hörtexten des Modelltests 4 finden Sie im Internet unter: www.cornelsen.de/webcodes (Code: tekuqa).*

Was ist richtig? Kreuzen Sie an: [a], [b] oder [c].
Sie hören jeden Text zweimal.

Beispiel:

www 79

0 Was kauft die Frau?

[a] Jacke.

[b] Pullover.

[☒] Hose.

www 80

1 Wann hat Herr Köhler einen Termin?

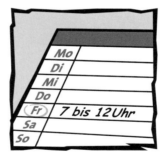

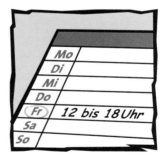

[a] Am Donnerstag.

[b] Am Freitagvormittag.

[c] Am Freitagnachmit-
tag.

www
81
2 Was isst Julia zum Frühstück?

a Brötchen, Eier und Schinken.   b Brötchen, Eier und Käse.   c Brot und Käse.

www
82
3 Wann zieht Yvonne um?

a Am 1.9.   b Am 15.9.   c Am 1.10.

www
83
4 Was möchte John jetzt trinken?

a Kaffee.   b Apfelsaft.   c Bier.

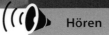
www 84   **5**   Wann hat Sofia Zeit?

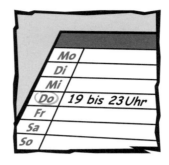

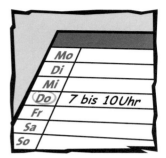

a Am Mittwoch.   b Am Donnerstagabend.   c Am Donnerstag-
                                                                 morgen.

www 85   **6**   Wie kommt man zur Apotheke?

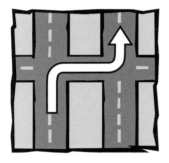

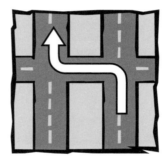

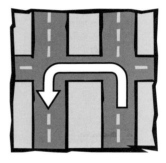

a Rechts und dann links.   b Links und dann rechts.   c Links und wieder links.

Hören Teil 2

Kreuzen Sie an: ⬜ Richtig oder ⬜ Falsch .
Sie hören jeden Text einmal.

Beispiel:

www **86** **0** Fluggäste nach Berlin müssen noch eine halbe Stunde warten. ~~Richtig~~ ⬜ Falsch

www **87** **7** Das Schwimmbad schließt jeden Tag um 20 Uhr. ⬜ Richtig ⬜ Falsch

www **88** **8** Im ersten Stock kann man gut essen. ⬜ Richtig ⬜ Falsch

www **89** **9** Der Zug nach München fährt heute später. ⬜ Richtig ⬜ Falsch

www **90** **10** Herrenschuhe kann man im 3. Stock kaufen. ⬜ Richtig ⬜ Falsch

Hören Teil 3

Was ist richtig? Kreuzen Sie an: a, b **oder** c.
Sie hören jeden Text zweimal.

www
91 **11** Wann will Anna die CDs abholen?

　　　a　Am Wochenende.
　　　b　Heute vor 20 Uhr.
　　　c　Heute nach 20 Uhr.

www
92 **12** An welchem Tag kommt Herr Schmidt wieder zur Arbeit?

　　　a　Morgen.
　　　b　Am nächsten Freitag.
　　　c　Am nächsten Montag.

www
93 **13** Wohin möchte Jan fahren?

　　　a　In die Schweiz.
　　　b　Nach Österreich.
　　　c　Ans Meer.

www
94 **14** Wo ist das Konzert?

　　　a　Auf dem Marktplatz.
　　　b　In der Stadthalle.
　　　c　In der Volkshochschule.

www
95 **15** Was will Anja am Sonntag machen?

　　　a　In die Disco gehen.
　　　b　Fernsehen.
　　　c　Kochen.

Lesen Teil 1

Lesen Sie die beiden Texte und die Aufgaben 1 bis 5.
Kreuzen Sie an: Richtig oder Falsch .

Beispiel:

0 Andrea geht nicht gern ins Kino.   Richtig   ~~Falsch~~

> Hallo Julia,
> ich muss heute länger im Büro bleiben. Ich weiß noch nicht, wie lange. Aber um 20 Uhr kann ich nicht beim Kino sein. Können wir morgen Abend ins Kino gehen? Auch um 20 Uhr? Ist das ok für dich?
> Tut mir leid …
> Liebe Grüße
> Andrea

1 Andrea muss heute lange arbeiten.   Richtig   Falsch

2 Sie möchte Julia morgen treffen.   Richtig   Falsch

> Liebe Frau Schmidt,
> wir fahren doch nächsten Montag in den Urlaub, in die Türkei. Können Sie bitte nach der Post und den Blumen sehen? Als Dankeschön möchte ich sie gerne zu einem Essen bei mir zu Hause einladen. Wann haben sie Zeit? Dann gebe ich Ihnen auch die Wohnungsschlüssel.
>
> Danke
> Julia Berger

3 Frau Berger braucht Hilfe.   Richtig   Falsch

4 Frau Schmidt soll die Schlüssel abholen.   Richtig   Falsch

5 Frau Berger möchte ein Essen machen.   Richtig   Falsch

Lesen Teil 2

Lesen Sie die Texte und die Aufgaben 6 bis 10.
Wo finden Sie Informationen? Kreuzen Sie an: a oder b.

Beispiel:

0   Sie möchten Karten für ein Konzert kaufen.

www.kulturshop.de	www.eventstotal.com
Exklusiver Vorverkauf Bestellen Sie Ihre Tickets online. Rock – Pop – Jazz – Klassik.	Für das **Konzert der Spin Rockers** am 14. Februar gibt es leider **keine** Karten mehr.

☒ www.kulturshop.de   b www.eventstotal.com

6   Sie möchten Urlaub am Meer machen.

a www.städtereisen.de   b www.familienferien.de

7   Sie suchen einen Fußballverein.

a www.fge.de   b www.ballania.de

8 Sie sind in Frankfurt und möchten am Abend in Wien sein. Sie möchten mit dem Zug fahren.

www.reiseauskunft-bahn.de

Bahnhof	Zeit	Dauer	Gleis
Frankfurt	ab 12.21	7:20	5
Wien	an 19.48		

www.reiseportal.de

Bahnhof	Zeit	Dauer	Gleis
Frankfurt	ab 23.00	10:38	6
Wien	an 09.38		

a www.reiseauskunft-bahn.de

b www.reiseportal.de

9 Sie suchen einen billigen Fernseher.

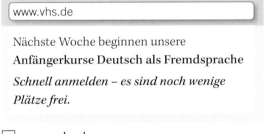

www.tv-und-partner.de

Günstig zu verkaufen: **DVD-Recorder**, 1 Jahr Garantie, mit diesem Gerät können Sie ohne Probleme Ihre Lieblings- programme im Fernsehen aufnehmen.

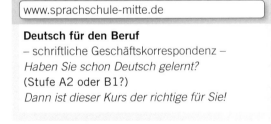

www.hifi-und-co.com

NEUERÖFFNUNG
mit super Angeboten
**Farbfernseher HD-tauglich
zu günstigen Preisen**

a www.tv-und-partner.de

b www.hifi-und-co.com

10 Ihr Freund möchte Deutsch lernen. Er kann noch kein Deutsch.

www.vhs.de

Nächste Woche beginnen unsere
Anfängerkurse Deutsch als Fremdsprache
*Schnell anmelden – es sind noch wenige
Plätze frei.*

www.sprachschule-mitte.de

Deutsch für den Beruf
– schriftliche Geschäftskorrespondenz –
Haben Sie schon Deutsch gelernt?
(Stufe A2 oder B1?)
Dann ist dieser Kurs der richtige für Sie!

a www.vhs.de

b www.sprachschule-mitte.de

Lesen Teil 3

Lesen Sie die Texte und die Aufgaben 11 bis 15.
Kreuzen Sie an: [Richtig] **oder** [Falsch] **.**

Beispiel:

An der Tür der Sprachschule:

> **Heute kein Deutschkurs.**
>
> Die Kursleiterin ist krank.
> Nächster Termin: Donnerstag.
> Weitere Informationen an der
> Anmeldung im 1. Stock.

0 Die Sprachschule ist heute geschlossen. [Richtig]   [~~Falsch~~]

11 In der Schule:

> ### Schulfest am nächsten Samstag.
>
> *Alle Schülerinnen, Schüler und Eltern sind eingeladen.*
> *Kaffee und Kuchen gibt es in der Cafeteria.*
>
> **Abends Disco**

In der Schule können Sie am Samstag tanzen. [Richtig]   [Falsch]

12 Am Busbahnhof:

> **Ab Januar günstige Busreisen**
>   *in ganz Deutschland.*
> Informationen am Busbahnhof,
> Schalter 12

Im Januar gibt es Busfahrten nach Deutschland. [Richtig]   [Falsch]

13 Vor dem Ticketshop:

> ### Das Konzert der Toten Hosen
> ### in der Stadthalle ist ausverkauft.

Es gibt keine Karten mehr.

Richtig   Falsch

14 Im Internet:

> ## Hessenticket *der Deutschen Bahn*
> Bis zu 5 Personen können an einem Tag durch
> ganz Hessen mit Bus oder Bahn fahren.
>
> **Für nur 31,– Euro.**

Das Hessenticket gibt es nur für Gruppen ab 5 Personen.

Richtig   Falsch

15 Beim Arzt:

> ### In der Praxis sind Handys verboten

Sie dürfen mit dem Handy nicht telefonieren.

Richtig   Falsch

Schreiben Teil 1

Ihre Freundin, Eleni Karamanlis, möchte das Buch Pluspunkt Deutsch A1 im Internet bestellen. Sie hat keine Kreditkarte. Sie wohnt in der Berliner Straße 29 in Offenbach. Sie ist am 2. März 1980 geboren.

Helfen Sie Ihrer Freundin und schreiben Sie die fünf fehlenden Informationen in das Formular. Am Ende schreiben Sie Ihre Lösungen bitte auf den Antwortbogen.

Name	*Karamanlis*	(0)
Vorname	*Eleni*	
Straße		(1)
PLZ / Ort	*63067*	(2)
Geburtsdatum		(3)
Bestellung		(4)
Zahlungsweise	❏ bar (bei Empfang) / ❏ Kreditkarte	(5)
Unterschrift	*Eleni Karamanlis*	

Schreiben Teil 2

Sie möchten im Sommer Deutsch in Deutschland lernen und suchen einen Kurs. Schreiben Sie an die Sprachschule.

– Warum schreiben Sie?
– Wann Deutsch lernen?
– Welcher Kurs?

 Schreiben Sie zu jedem Punkt ein bis zwei Sätze auf den Antwortbogen (circa 30 Wörter). Die Antwortbogen sind auf Seite 156 und auf Seite 158. Schreiben Sie auch eine Anrede und einen Gruß.

Sprechen Teil 1

Sich vorstellen.
Sagen Sie etwas über sich: Wie heißen Sie? Wie alt sind Sie? …

Name?

Alter?

Land?

Wohnort?

Sprachen?

Beruf?

Hobby?

Sprechen Teil 2

Um Informationen bitten und Informationen geben. Thema: Arbeit und Beruf.

Nehmen Sie eine Karte. Sie fragen und antworten in der Gruppe.

Start Deutsch 1	**Sprechen Teil 2**
Modellsatz	Kandidatenblätter
Thema: Arbeit und Beruf	

Arbeit

Start Deutsch 1	**Sprechen Teil 2**
Modellsatz	Kandidatenblätter
Thema: Arbeit und Beruf	

Kollegen

Start Deutsch 1	**Sprechen Teil 2**
Modellsatz	Kandidatenblätter
Thema: Arbeit und Beruf	

Arbeitsplatz

Start Deutsch 1	**Sprechen Teil 2**
Modellsatz	Kandidatenblätter
Thema: Arbeit und Beruf	

Chef

Start Deutsch 1	**Sprechen Teil 2**
Modellsatz	Kandidatenblätter
Thema: Arbeit und Beruf	

arbeitslos

Start Deutsch 1	**Sprechen Teil 2**
Modellsatz	Kandidatenblätter
Thema: Arbeit und Beruf	

Urlaub

Um Informationen bitten und Informationen geben. Thema: Wochenende.

Sprechen Teil 3

Bitten formulieren und darauf reagieren.

Nehmen Sie zwei Karten. Fragen und antworten Sie.

Start Deutsch 1 — Sprechen Teil 3 Modellsatz Kandidatenblätter 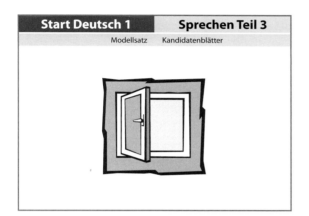	**Start Deutsch 1** — Sprechen Teil 3 Modellsatz Kandidatenblätter 
Start Deutsch 1 — Sprechen Teil 3 Modellsatz Kandidatenblätter 	**Start Deutsch 1** — Sprechen Teil 3 Modellsatz Kandidatenblätter 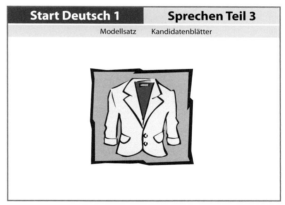
Start Deutsch 1 — Sprechen Teil 3 Modellsatz Kandidatenblätter 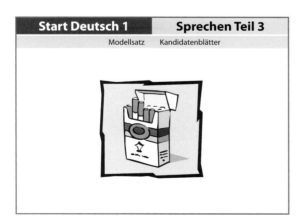	**Start Deutsch 1** — Sprechen Teil 3 Modellsatz Kandidatenblätter 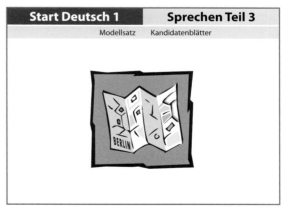

Start Deutsch 1	Sprechen Teil 3
Modellsatz	Kandidatenblätter

Start Deutsch 1	Sprechen Teil 3
Modellsatz	Kandidatenblätter

Start Deutsch 1	Sprechen Teil 3
Modellsatz	Kandidatenblätter

Start Deutsch 1	Sprechen Teil 3
Modellsatz	Kandidatenblätter

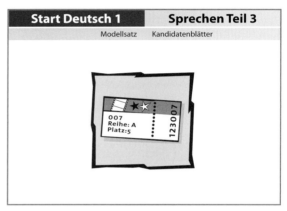

Start Deutsch 1	Sprechen Teil 3
Modellsatz	Kandidatenblätter

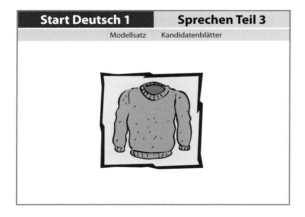

Start Deutsch 1	Sprechen Teil 3
Modellsatz	Kandidatenblätter

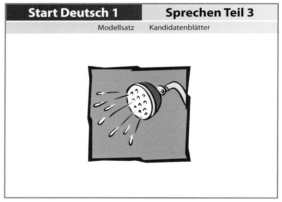

Nach-/
Vorname _____ , _____

Institution,   Geburtsdatum
Ort _____   [ ][ ] . [ ][ ] . [ ][ ][ ][ ]

Hören

Teil 1			
	a	b	c
1	[ ]	[ ]	[ ]
2	[ ]	[ ]	[ ]
3	[ ]	[ ]	[ ]
4	[ ]	[ ]	[ ]
5	[ ]	[ ]	[ ]
6	[ ]	[ ]	[ ]

Teil 2		
	Richtig	Falsch
7	[ ]	[ ]
8	[ ]	[ ]
9	[ ]	[ ]
10	[ ]	[ ]

Teil 3			
	a	b	c
11	[ ]	[ ]	[ ]
12	[ ]	[ ]	[ ]
13	[ ]	[ ]	[ ]
14	[ ]	[ ]	[ ]
15	[ ]	[ ]	[ ]

Lesen

Teil 1		
	Richtig	Falsch
1	[ ]	[ ]
2	[ ]	[ ]
3	[ ]	[ ]
4	[ ]	[ ]
5	[ ]	[ ]

Teil 2		
	a	b
6	[ ]	[ ]
7	[ ]	[ ]
8	[ ]	[ ]
9	[ ]	[ ]
10	[ ]	[ ]

Teil 3		
	Richtig	Falsch
11	[ ]	[ ]
12	[ ]	[ ]
13	[ ]	[ ]
14	[ ]	[ ]
15	[ ]	[ ]

Schreiben

Teil 1
1 _____
2 _____
3 _____
4 _____
5 _____

Markieren Sie so: ⊠

Schreiben Teil 2

Schreiben Sie Ihren Text hier (ca. 30 Wörter).

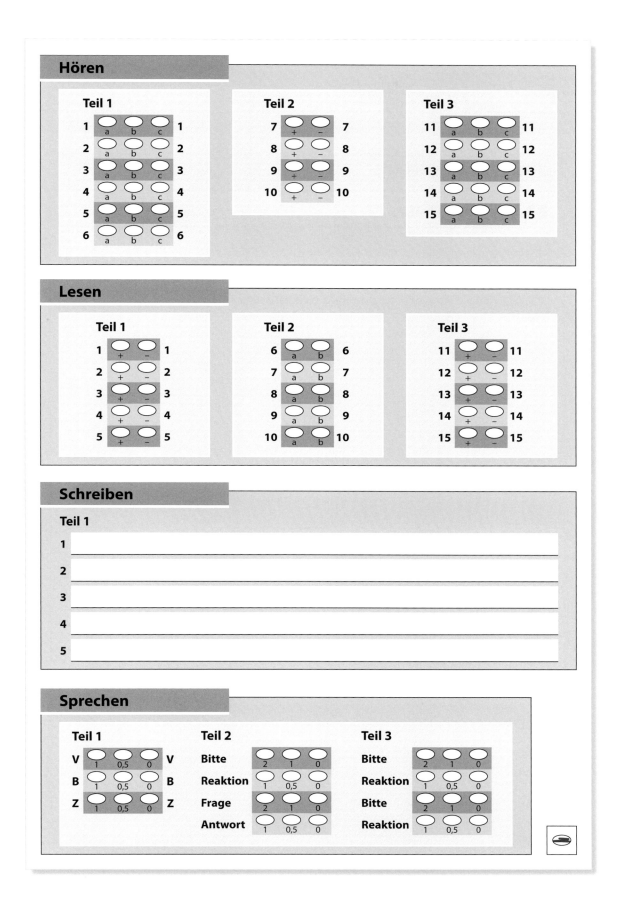

Hören

Teil 1
	a	b	c	
1				1
2				2
3				3
4				4
5				5
6				6

Teil 2
	+	−	
7			7
8			8
9			9
10			10

Teil 3
	a	b	c	
11				11
12				12
13				13
14				14
15				15

Lesen

Teil 1
	+	−	
1			1
2			2
3			3
4			4
5			5

Teil 2
	a	b	
6			6
7			7
8			8
9			9
10			10

Teil 3
	+	−	
11			11
12			12
13			13
14			14
15			15

Schreiben

Teil 1
1
2
3
4
5

Sprechen

Teil 1
	1	0,5	0	
V				V
B				B
Z				Z

Teil 2
	2	1	0
Bitte			
Reaktion		0,5	
Frage			
Antwort		0,5	

Teil 3
	2	1	0
Bitte			
Reaktion		0,5	
Bitte			
Reaktion		0,5	

Name	
Vorname	
Prüfungszentrum	

Schriftliche Prüfung

3 Schreiben (Teil 2)

Für die Bewertung

Weiteres Material zum Test Start Deutsch 1

Goethe-Institut

Gehen Sie auf die Internetseite www.goethe.de

www.goethe.de

- ➡ Deutsch lernen
  - ➡ Deutschprüfungen
    - ➡ Unsere Prüfungen
      - ➡ Goethe-Zertifikat A1 – Start Deutsch 1
        - ➡ Übungs- und Infomaterial

          Zum Herunterladen (Download):
              Modellsatz
              Übungstest 01
              Übungstest 02

telc

Gehen Sie auf die Internetseite www.telc.net

www.telc.net

- ➡ Unser Angebot
  - ➡ Unsere Sprachprüfungen – Deutsch
    - ➡ A1
      - ➡ Material

          Zum Herunterladen (Download):
              Übungstest A1 (Start Deutsch A1 / telc A1)

Cornelsen Schulverlage

www.cornelsen.de/start-deutsch1

Inhalt der Audio-CD

Auf der CD sind alle Aufnahmen zu den Hörtexten aus den Modelltests 1–3 und aus dem Wortschatztraining.

Aufnahmen zum Modelltest 4 im Internet

Die Aufnahmen zu den Hörtexten des Modelltests 4 finden Sie auf der Internet-Seite: www.cornelsen.de/webcodes *(Code: tekuqa)*.

Sprecherinnen und Sprecher: Marianne Graffam, Susanne Kreutzer, Kim Pfeiffer, Denis Abrahams, Martin Klemrath , Christian Schmitz, Felix Würgler

Tonstudio: Clarity Studio Berlin

Regie und Aufnahmeleitung: Susanne Kreutzer, Joachim Becker

Toningenieur: Christian Marx

Prüfungstraining

Start Deutsch 1

Hörtexte
Lösungen
Wortfelder

Cornelsen

Modelltest 1

Hören Teil 1

Beispiel

Frau: *Ach, Entschuldigung, wo finde ich die Anmeldung für die Deutschkurse? Ist das nicht in Zimmer 116?*

Mann: *Nein, das stimmt nicht. Die Zimmernummer ist 161.*

Frau: *Also 161. Vielen Dank.*

1

Kundin: *Entschuldigung, was kostet dieser Mantel heute?*

Verkäuferin: *Einen Moment bitte ..., alle Mäntel sind 50 % billiger. Dieser Mantel kostet nur 60 Euro 50.*

Kundin: *60 Euro und 50 Cent?*

Verkäuferin: *Ja. Ein Sonderangebot.*

Kundin: *Gut, der Mantel gefällt mir. Hier sind 65 Euro.*

Verkäuferin: *Und 4,50 zurück.*

2

Frau: *Verzeihung. Wie komme ich zum Bahnhof? Muss ich hier nach rechts gehen?*

Mann: *Nein, nein, nicht nach rechts. Gehen Sie geradeaus und an der Ecke nach links. Dann noch 100 Meter geradeaus und dann sehen Sie schon den Bahnhof.*

Frau: *Vielen Dank.*

3

Tourist: *Entschuldigung.*

Mann: *Ja bitte.*

Tourist: *Wissen Sie, wann der Zug nach München fährt?*

Mann: *Ja, da steht es. Schauen Sie, auf dem Plan. IC nach München, Gleis 19, um halb 5.*

Tourist: *Prima, dann habe ich noch etwas Zeit. Vielen Dank.*

4

Susanne: *Hallo, Anja, wollen wir zusammen ins Kino gehen? Hast du Lust?*

Anja: *Ja, vielleicht am Freitagabend?*

Susanne: *Oh, Freitagabend kann ich nicht, da habe ich Gymnastik. Kannst du am Samstag?*

Anja: *Nein, tut mir leid, am Samstag treffe ich meinen Freund. Und was ist mit Sonntag?*

Susanne: *Ja, das ist prima. Das geht. Dann schaue ich mal in die Zeitung, was es für Filme gibt. Ich rufe dich an.*

5

Kellner: *Guten Tag. Was darf ich Ihnen bringen?*

Frau: *Ich habe keinen großen Hunger. Vielleicht eine Suppe?*

Kellner: *Gerne, unsere Tagessuppe ist heute: Gemüsesuppe mit Rindfleisch.*

Frau: *Haben Sie auch Suppen ohne Fleisch? Fleisch mag ich nicht.*

Kellner: *Ja, natürlich. Sie können die Suppe auch ohne Fleisch bekommen.*

Frau: *Gerne, und einen Orangensaft bitte.*

6

Martin: *Sag mal, Robert, was meinst du? Wo wollen wir diesen Sommer Urlaub machen?*

Robert: *Letztes Jahr waren wir am Meer, an der Nordsee. Leider war das Wetter nicht gut. Vielleicht können wir einmal eine Städtereise machen.*

Martin: *Okay, warum nicht. Vielleicht Berlin?*

Robert: *Berlin ist toll, aber die Stadt kenne ich schon. Wir können auch nach München fahren.*

Martin: *Da war ich noch nie. Gut, machen wir das. Nach Berlin kann ich auch einmal alleine fahren.*

Hören Teil 2

Beispiel

Liebe Kunden, heute ganz billig: Äpfel neue Ernte, das Kilo für nur 2 Euro 15, Birnen das Kilo 2 Euro 50, Bananen das Kilo nur noch 2 Euro 69.

7

Herr und Frau Schmidt, angekommen aus Helsinki, bitte melden Sie sich sofort beim Informationsschalter in Halle A. Herr und Frau Schmidt, bitte zum Informationsschalter in Halle A.

8

Der Zug nach Frankfurt fährt heute nicht um 13 Uhr 20, sondern um 14 Uhr 20. Ich wiederhole: Der Zug nach

Frankfurt fährt heute eine Stunde später. Vielen Dank für Ihr Verständnis.

9

Liebe Kunden: Es ist gleich 20 Uhr, unser Kaufhaus schließt in 10 Minuten. Wir bitten Sie zur Kasse zu gehen. Vielen Dank für Ihren Besuch.

10

Meine Damen und Herren. An der Kasse im Erdgeschoss steht ein kleiner Junge. Er findet seine Eltern nicht mehr. Sein Name ist Paul, er ist 6 Jahre alt und trägt Jeans und ein blaues T-Shirt. Die Eltern von Paul sollen bitte ins Erdgeschoss an die Kasse kommen.

Hören Teil 3

Beispiel

Hier eine Durchsage für die Reisenden auf Gleis 12. Die S-Bahn Richtung Hauptbahnhof fährt wegen einer Betriebsstörung heute 20 Minuten später. Die Abfahrt ist 12 Uhr 21.

11

Hallo, Sylvia. Mein Termin in München hat doch sehr lange gedauert. Es ist jetzt schon 6 Uhr. Ich fahre nicht mehr in die Firma und komme gleich nach Hause. Brauchen wir noch etwas für das Abendessen? Bitte ruf mich an.

12

Telefonauskunft Deutsche Telekom. Die Rufnummer des Teilnehmers hat sich geändert. Die Rufnummer ist: 069 48 32 15.

13

Guten Tag, Frau Raabe, hier ist die Zahnarztpraxis Lehmann. Heute ist Mittwoch, der 2. April. Wir müssen Ihren Termin am Donnerstagnachmittag 15 Uhr leider absagen. Wegen Renovierungsarbeiten ist die Praxis den ganzen Donnerstag geschlossen. Können Sie auch am Freitagvormittag kommen? Bitte rufen Sie uns an.

14

Hallo, Susanne, hier David. Ich bin vor dem Kino und warte schon eine halbe Stunde auf dich. Es ist jetzt Viertel nach acht. Wann kommst du endlich? Du, ich warte nicht mehr lang, noch 15 Minuten. Dann fängt der Film an.

15

Hallo, Claudia, hier ist Pauline. Du, Claudia, leider kann ich heute Abend nicht ins Kino. Meine Tochter ist krank ge-

worden und ich muss bei ihr bleiben. Treffen wir uns bei mir in der Wohnung? Ich habe auch viele Filme auf DVD. Die können wir hier sehen. Ist das okay?

Wortschatztraining

Uhrzeit und Zeitangaben

2 Hören Sie. Was ist richtig? Kreuzen Sie an …

1

Frau Müller: *Können Sie mir sagen, wie spät es ist?*

Frau Gubler: *Ja, natürlich, es ist genau halb drei.*

Frau Müller: *Danke.*

2

Isabella: *Tom, was gibt es heute im Fernsehen?*

Tom: *Einen schönen Tierfilm.*

Isabella: *Und wann kommt der?*

Tom: *Um Viertel nach acht.*

3

Es ist 19 Uhr 25. Sie hören jetzt den Wetterbericht.

4

Mann: *Entschuldigung. Wissen Sie, wann die S-Bahn zum Bahnhof fährt?*

Frau: *Ja, das kann ich Ihnen sagen. Die nächste S-Bahn fährt um 17 Uhr 43.*

Mann: *Danke.*

5

Adrian: *Sag mal, Claudine, wann hast du deinen Termin beim Arzt?*

Claudine: *Heute, um zehn vor zehn.*

Adrian: *Hoffentlich musst du nicht so lange warten …*

6

Liebe Kunden! Unser Supermarkt schließt in zehn Minuten, um 20 Uhr. Bitte gehen Sie jetzt langsam zur Kasse. Vielen Dank für Ihren Einkauf.

Angaben zur Person

5a Wie heißen die Personen? Hören Sie und schreiben Sie die Namen.

1

Telefon-Hotline: *Guten Tag, wie ist Ihr Name?*

Herr Schlosser: *Mein Name ist Peter Schlosser.*

Telefon-Hotline: *Können Sie das buchstabieren?*

Herr Schlosser: *Gerne. P E T E R und dann S C H L O S S E R.*

2

Personalleiter: *Sie sind Frau Albrecht?*

Frau Albrecht: *Ja, mein Name ist Jutta Albrecht. Jutta schreibt man J U T T A und Albrecht, meinen Nachnamen, A L B R E C H T.*

3

Kollege: *Und wie heißt du?*

Yasar Öztürk: *Yasar Öztürk.*

Kollege: *Kannst du das buchstabieren?*

Yazar Öztürk: *Ja, Yasar schreibt man Y A S A R und Öztürk: Ö, also O-Umlaut, Z T U-Umlaut R und K.*

4

Lehrerin: *Und Ihr Name bitte?*

Frau Czoska: *Ich bin Magdalena Czoska. M A G D A L E N A und mein Nachname: C Z O S K A.*

5 b Wo arbeiten die Personen? Hören Sie und schreiben Sie die Namen.

1

Kursleiter: *Frau Czoska, wo arbeiten Sie?*

Frau Czoska: *Ich arbeite bei der Firma Pauly, die schreibt man am Ende mit Ypsilon, also P A U L Y.*

2

Lehrerin: *Und Sie, Herr Schlosser? Wo arbeiten Sie?*

Herr Schlosser: *Bei VW.*

3

Kursleiter: *Und Frau Albrecht? Wo arbeiten Sie?*

Frau Albrecht: *Ich arbeite bei BMW.*

4

Klassenlehrerin: *Und, Yasar? Hast du schon eine Lehrstelle?*

Yasar Öztürk: *Ja, ich mache meine Ausbildung bei der GZE-Bank.*

6 Sie wollen telefonieren. Hören Sie und schreiben Sie die Telefonnummern.

1

Ich: *Hallo, Robert, hast du Telefon?*

Robert: *Ich habe ein Handy.*

Ich: *Und wie ist deine Nummer?*

Robert: *Die Vorwahl ist 0176 (null – eins – sieben – sechs) und die Nummer ist 22389327 (zwei – zwei – drei – acht – neun – drei – zwei – sieben).*

2

Hier die Telefonauskunft der Deutschen Telekom. Die Rufnummer hat sich geändert. Bitte wählen Sie: 069 (null – sechs – neun) – 432811 (vier – drei – zwei – acht – elf).

3

Ich: *Guten Tag, Frau Holzhammer. Können Sie mir Ihre Telefonnummer sagen?*

Frau Holzhammer: *Gerne. Das ist 0611 (null – sechs – elf), die Vorwahl für Wiesbaden, und dann die 56225 (sechsundfünfzig – zweiundzwanzig – fünf).*

4

Ich: *Frau Kreisler. Sie kommen aus Österreich, aus Linz. Wie ist die Vorwahl von Linz?*

Frau Kreisler: *Die Vorwahl ist 0043 (null – null – dreiundvierzig) für Österreich und dann die 0732 (null – sieben – drei – zwei) für Linz.*

Reisen und Verkehr

2 Wie komme ich …? Hören Sie und zeichnen Sie den Weg auf der Karte.

1

Tourist: *Entschuldigung – Wie komme ich zur Post?*

Mann: *Gehen Sie die erste Straße rechts und dann geradeaus. Dann sehen Sie links das Schwimmbad. Daneben ist die Post.*

2

Touristin: *Entschuldigung. Ich suche den Bahnhof.*

Frau: *Das ist ganz einfach. Gehen Sie immer geradeaus. Am Ende der Straße ist der Bahnhof.*

3

Mann: *Guten Tag. Können Sie mir helfen? Ich suche die Sprachschule Lingua.*

Frau: *Die Sprachschule Lingua. Das ist nicht weit. Gehen Sie immer geradeaus bis zum Bahnhof. Am Bahnhof gehen Sie gleich nach links. Und nach 50 Metern sehen Sie rechts die Sprachschule.*

4

Frau: *Guten Tag, ich suche die Straßenbahn Linie 12 zum Kaiserplatz. Wo ist die Haltestelle?*

Mann: *Gehen Sie die erste Straße links und dann gleich nach rechts. Da ist die Haltestelle.*

5 Durchsagen

1 Was ist richtig? Kreuzen Sie an …

1

Und hier ein wichtiger Hinweis für Reisende nach Hamburg: Der Intercity Express nach Hamburg, Abfahrt 14 Uhr 15, fährt heute nicht von Gleis 12, sondern von Gleis 13. Ich wiederhole: Der Intercity Express nach Hamburg, Abfahrt 14 Uhr 15, fährt heute nicht von Gleis 12, sondern von Gleis 13.

2

Letzter Aufruf für Herrn und Frau Schmidt, Flug LH 222 nach Berlin. Bitte begeben Sie sich schnellstmöglich zum Flugsteig 12. Ihre Maschine ist abflugbereit.

2 Kreuzen Sie an …

1

Liebe Fahrgäste. Sie bekommen heute ein leckeres Abendessen in unserem Zugrestaurant. Auch für unsere kleinen Gäste haben wir ein Extra-Menü zusammengestellt. Wir freuen uns auf Ihren Besuch.

2

Sehr geehrte Fahrgäste, leider können wir im Moment nicht weiterfahren. Zwischen Frankfurt und Aschaffenburg hat es vor zehn Minuten einen Unfall gegeben. Wir bitten um Entschuldigung.

3 Durchsagen am Telefon. Was ist richtig?

1

Hallo, Anja, hier Maria. Du kommst ja morgen um 14 Uhr 15 an, hast du mir geschrieben. Ich hole dich dann am Bahnhof ab. Ich kann aber leider erst 15 Minuten später kommen. Ich habe vorher noch einen Termin. Bis morgen. Ich freue mich. Maria.

2

Guten Tag, Herr Wagner. Hier Reisebüro Lohmann. Ihr Ticket ist angekommen. Sie können es morgen abholen. Bitte bringen Sie Ihren Ausweis oder Pass mit. Vielen Dank.

3

Frau Gundlach, angekommen mit dem ICE aus München, bitte kommen Sie zum Informationsschalter der Deutschen Bahn zwischen den Gleisen 1 und 2. Dort liegt eine Nachricht für Sie.

Lebensmittel einkaufen

1 Wie teuer sind …?
Liebe Kunden: In unserer Obst- und Gemüseabteilung bieten wir Ihnen heute: 1 Kilo Äpfel für 1 Euro 59, das Kilo Birnen für 1 Euro 75. Im Sonderangebot diese Woche: Tomaten, das Pfund für 1 Euro 44, und Kartoffeln, festkochende, das Kilo für 1 Euro 85, Bananen, das Pfund, 1 Euro 90. Greifen Sie zu.

2 Was kostet …?
Und heute im Sonderangebot: Französisches Weißbrot, frisch und knusprig, nur noch 99 Cent. McGary Pommes frites, die Packung nur 1 Euro 25. Bio-Milch Almenhof, der Liter für 1 Euro 07. In unserer Getränkeabteilung gibt es Klosterbach Mineralwasser, die Literflasche heute für nur 59 Cent, Wohlstätter Apfelsaft, den Liter für 79 Cent.

3 Was kauft der Mann?
Kunde: *Guten Tag, ich hätte gern ein Kilo Äpfel.*

Verkäuferin: *Gerne. Sonst noch etwas?*

Kunde: *Ja, die Bananen sehen schön aus. Bitte fünf Bananen.*

Verkäuferin: *Haben Sie noch einen Wunsch? Wir haben Birnen, aus der Region, ganz frisch, das Kilo für 1 Euro 50.*

Kunde: *Gut, dann auch noch ein Kilo Birnen. Das ist alles.*

Verkäuferin: *Die Äpfel, die Bananen und die Birnen … das macht zusammen 4 Euro 90.*

Kunde: *Oh, wie dumm, ich sehe gerade, ich habe nur drei Euro dabei. Wie teuer sind die Bananen?*

Verkäuferin: *2 Euro.*

Kunde: *Dann geben Sie mir nur die Äpfel und die Birnen.*

4 Was ist heute im Angebot?

Meine Damen und Herren, besuchen Sie unsere Wurst- und Fleischabteilung. Heute: Parmaschinken aus Italien und Serranoschinken aus Spanien, frisch gekommen – eine besondere Spezialität. Heute besonders billig: ein ganzes Hähnchen für nur 2 Euro 95. Und 2 Hähnchen gibt es zum Preis von fünf Euro. Besuchen Sie auch unsere Fischabteilung im ersten Stock.

Freizeit

5 Hören Sie und kreuzen Sie an …

1

Hallo, Angelika. Wir wollen doch heute Abend ins Kino gehen. Leider kann ich nicht mitkommen. Meine Tochter ist krank. Ruf mich an, dann machen wir etwas anderes aus. Bis dann, Julia.

2

Liebe Hörer, hier eine Mitteilung der Polizei: Am Waldstadion gibt es keine Parkplätze mehr. Besucher des Fußballspiels: Bitte kommen Sie mit der U-Bahn oder mit dem Bus.

6 Mitteilungen, Anrufe, Informationen

1

Hej Robert! Uwe hier. Nie bist du Hause. Ich bin jetzt noch im Schwimmbad. Das Wetter ist so toll. Ich komme dann um 20 Uhr zum Konzert. Treffen wir uns dort? Ich freu mich.

2

Hallo, Andrea, hier ist Jasmin. Wir wollen uns doch am Samstag treffen. Komm doch zu mir. Im Fernsehen gibt es einen tollen Film um acht Uhr. Nächste Woche können wir ja ins Kino gehen. Ich bestelle dann Pizza. Okay?

Kleidung

5 Hören Sie. Was ist richtig?

1

Verkäuferin: *Kann ich Ihnen helfen?*

Kundin: *Ja, was kostet die Jacke? Stimmt das, 154 Euro? Ist die wirklich so teuer?*

Verkäuferin: *Mal sehen. Ich glaube, da ist noch der alte Preis dran. Ich schau mal im Computer nach. Die Jacke kostet jetzt 94 Euro.*

Kundin: *Aha, das ist schon besser.*

2

Kunde: *Entschuldigung, ich suche Schuhe, normale Schuhe, keine Sportschuhe. Sind die auch hier im dritten Stock?*

Verkäuferin: *Nein, da müssen Sie in den ersten Stock gehen. Hier ist die Sportabteilung. Im ersten Stock gibt es Herrenschuhe. Sie suchen doch Schuhe für sich? Kinderschuhe gibt es im zweiten Stock.*

Kunde: *Ja, ich suche Schuhe für mich.*

Verkäuferin: *Die finden Sie, wie gesagt, im ersten Stock.*

Kunde: *Danke.*

Modelltest 2

Hören Teil 1

Beispiel

Apothekerin: *So, bitte schön. Hier ist das Medikament. Bitte nehmen Sie nur eine Tablette am Tag.*

Kundin: *Und wie soll ich sie nehmen?*

Apothekerin: *Abends, immer nach dem Essen.*

Kundin: *Danke schön. Was bekommen Sie?*

Apothekerin: *Fünf Euro, bitte.*

1

Paul: *Entschuldigung. Kannst du mir sagen, wie spät es ist? Auf meiner Uhr ist es halb drei. Ich glaube aber, meine Uhr ist kaputt.*

Christian: *Das ist richtig. Es ist schon halb vier.*

Paul: *So spät? Da muss ich schnell gehen. Mein Bus fährt um zehn nach halb vier.*

2

Rezeptionistin: *So, Herr Pauli. Hier ist Ihr Schlüssel. Sie haben die Zimmernummer 121.*

Gast: *Können Sie mir nicht Zimmer 212 geben, im zweiten Stock, wie letztes Mal? Das Zimmer ist sehr schön und sehr ruhig.*

Rezeptionistin: *Mmh, ich glaube, Zimmer 212 ist nicht mehr frei. Einen Moment ... Nein, tut mir leid.*

Gast: *Na gut, da kann man nichts machen.*

3

Katrin: *Hi, Anja, kommst du morgen zur Party?*

Anja: *Ja, klar. Soll ich etwas zu essen mitbringen?*

Katrin: *Nein, Essen und Trinken habe ich schon gekauft. Aber vielleicht hast du ein paar neue CDs?*

Anja: *Ja, die bringe ich mit. Bis morgen.*

4

Tom: *Hallo, Julia.*

Julia: *Hallo, Tom, sehen wir uns am Samstag?*

Tom: *Nein, ich habe keine Zeit. Meine Mutter und meine Tante kommen am Samstag zu Besuch. Ich habe sie lange nicht mehr gesehen und möchte ihnen die Stadt zeigen. Oder möchtest du mitkommen?*

Tom: *Ja, warum nicht? Dann telefonieren wir noch einmal.*

5

Frau: *Verzeihung. Ist das hier die Sprachschule?*

Mann: *Nein, das ist der Bahnhof.*

Frau: *Und wie komme ich zur Sprachschule?*

Mann: *Gehen Sie die nächste Straße nach links bis zum Schwimmbad. Die Volkshochschule ist direkt neben dem Schwimmbad.*

6

Andrej: *Hallo, Tim. Machst du auch den nächsten Kurs, Stufe 3?*

Tim: *Ja, klar.*

Andrej: *Weißt du, wann der Kurs anfängt?*

Tim: *Am 1. September.*

Andrej: *Gibt es auch Kurse im Juli und August?*

Tim: *Ja, aber die Sommerkurse sind schon voll. Es gibt keine Plätze mehr.*

Hören Teil 2

Beispiel

Verehrte Fahrgäste. Wegen Bauarbeiten fahren die S-Bahnen heute von Gleis 103. Auf den Gleisen 101 und 102 fahren heute keine Züge.

7

Verehrte Fahrgäste. Wegen Bauarbeiten halten die U-Bahnen heute nicht am Südbahnhof. Fahrgäste zum Südbahnhof: Bitte steigen Sie am Luisenplatz aus und nehmen Sie dort die Buslinie 42 zum Südbahnhof.

8

Liebe Kunden, besuchen Sie auch unsere Lebensmittelabteilung. Heute haben wir für Sie Wurst und Fleischspezialitäten aus Italien und Spanien. Und als Sonderangebot: 500 g Bio-Kaffee heute nur 3 Euro 96.

9

Liebe Reisende. Wir sind jetzt gleich in Friedberg. Sie können jetzt die Altstadt besuchen. Stadtpläne bekommen Sie beim Fahrer. Wir treffen uns wieder um 17 Uhr 30 hier vor dem Bus.

10

Meine Damen und Herren. Es ist Kaffeezeit. Besuchen Sie doch unser Zugrestaurant. Kaffee und Kuchen warten auf Sie.

Hören Teil 3

11

Guten Tag, Sie haben die Rufnummer 089-23 45 88 gewählt. Reisebüro Maier. Wir haben vom 15. April bis zum 30. April Urlaub. Am 2. Mai sind wir wieder für Sie da.

12

Hallo, Bea, hier Tanja. Immer diese Anrufbeantworter! Ja, ich habe deinen Anruf gehört, okay, wir treffen uns dann heute vor der Schule, um 18 Uhr, dann können wir später ins Kino oder in die Disco gehen. Bis dann.

13

*Telefonansagedienst der Deutschen Telekom. Die Ruf-
nummer der Volkshochschule hat sich geändert. Die neue
Telefonnummer ist: 069-212 5664.*

14

*Hallo, Robert, du, ich komme heute etwas später zum Kurs.
Sagst du das bitte Frau Remscheid? Mein Fahrrad ist kaputt
und ich muss mit dem Bus fahren. Das dauert länger. Bis
später.*

15

*Guten Tag, Frau Krüger. Hier Hans Maier von der Firma
Internet-dot-Com. Sie fangen doch morgen bei uns mit Ihrem
Praktikum an. Alle wichtigen Formulare haben wir ja schon,
wir brauchen aber noch Ihren Ausweis oder eine Kopie. Bitte
vergessen Sie das nicht. Dann bis morgen. Auf Wiederhören.*

Modelltest 3

Hören Teil 1

Beispiel
Greta: *Habt ihr ein Glück. Tolles Wetter und morgen fahrt
ihr weg.*

Anne: *Ja, ich freue mich schon so auf den Urlaub.*

Greta: *Fliegt ihr wieder nach Berlin oder nehmt ihr dieses
Mal das Auto?*

Anne: *Nein, dieses Jahr nehmen wir den Zug. Die Flüge
waren zu teuer.*

Greta: *Dann schönen Urlaub.*

Anne: *Danke.*

1
Kellner: *Guten Tag, haben Sie schon gewählt?*

Frau: *Was können Sie empfehlen? Haben Sie frischen Fisch?*

Kellner: *Nein, heute leider nicht. Aber wir haben eine sehr
gute Fischsuppe. Und dazu vielleicht einen Salat?*

Frau: *Die Fischsuppe nehme ich gern, aber bitte keinen
Salat.*

Kellner: *Und zu trinken ...?*

2
Katrin: *Hallo, Sonja, sag mal: Wie alt ist deine Tochter?*

Sonja: *Anja ist jetzt sieben Jahre alt.*

Katrin: *Sieben Jahre? Dann geht sie ja schon in die Schule.
Und in welche Klasse geht sie? In die erste oder die zweite?*

Sonja: *Anja ist jetzt in der zweiten Klasse. Und sie geht sehr
gern in die Schule.*

3
Maria: *Sag mal, Eva, was machst du heute Abend? Wollen
wir einen Film sehen?*

Eva: *Nein, ich muss arbeiten, ich muss für die Prüfung
lernen.*

Maria: *Und wollen wir später etwas trinken gehen? Es gibt
hier an der Ecke ein neues Café.*

Eva: *Nein, tut mir leid, lieber am Sonntag. Dann habe ich
Zeit.*

4
Kundin: *Guten Tag, ein Pfund Tomaten bitte und ein Kilo
Kartoffeln.*

Verkäufer: *Ein Pfund Tomaten, 1 Euro 15, und ein Kilo
Kartoffeln, 1 Euro 50. Bitte schön. Haben Sie noch einen
Wunsch?*

Kundin: *Nein, danke, das ist alles.*

Verkäufer: *Das macht dann 2 Euro 65 zusammen.*

Kundin: *Bitte schön.*

5
Kursteilnehmer: *Guten Tag, ich möchte mich für den
Deutschkurs im Januar anmelden.*

Kursleiter: *Sie haben Glück, ein Platz ist noch frei.*

Kursteilnehmer: *Super. Und an welchen Tagen ist der
Kurs und wie lange geht er?*

Kursleiter: *Der Kurs ist jeden Tag, Montag bis Freitag, von
9 bis 12 Uhr, vom 21. Januar bis zum 18. Februar, also vier
Wochen.*

6
Theresa: *Hi, Lola, alles Gute zum Geburtstag.*

Lola: *Danke, kommst du zu meiner Party?*

Theresa: *Ja, natürlich. Feierst du heute, am Freitag?*

Lola: *Nein, lieber morgen, am Samstag. Das ist besser. Und am Sonntag können wir alle lange schlafen. Kommst du so ab 20 Uhr?*

Theresa: *Ja, klar, ich komme.*

Hören Teil 2

Beispiel

Letzter Aufruf für Herrn Krause, gebucht auf Lufthansa Flug LH 222 nach Paris, Abflug 12 Uhr 23. Herr Krause, bitte begeben Sie sich sofort zum Schalter A 21.

7

Liebe Fahrgäste. Wir erreichen jetzt Köln Hauptbahnhof. Für die Weiterfahrt nach Bonn haben Sie folgende Umsteigemöglichkeit: IC 2027 von Gleis 7, Abfahrt 15 Uhr 53.

8

Frau Eva Köhler, angekommen mit Lufthansa Flug LH 1124 aus Barcelona. Bitte gehen Sie zur Information in Halle A, Schalter 120. Dort gibt es eine Nachricht für Sie.

9

Sehr geehrte Kunden! Unser Möbelhaus schließt in 15 Minuten. Wir bitten Sie, zur Kasse zu gehen, und bedanken uns für Ihren Einkauf. Morgen um 9 Uhr sind wir wieder für Sie da.

10

Meine Damen und Herren, auf Gleis 19 erhält Einfahrt der Regionalexpress aus Heidelberg, Ankunft 14 Uhr 22. Weiterfahrt nach Wiesbaden um 14 Uhr 32.

Hören Teil 3

11

Guten Tag, Herr Lohmann, hier Zahnarztpraxis Dr. Lemmer. Sie haben morgen, am Dienstag, um 14 Uhr einen Termin. Leider ist Herr Lemmer heute und morgen krank. Können Sie am Mittwoch um 10 Uhr kommen? Bitte rufen Sie uns heute bis 18 Uhr noch an. Vielen Dank.

12

Hallo, Gerhard. Kannst du mir helfen? Mein Drucker geht nicht mehr. Kann ich zu dir kommen und bei dir etwas drucken? Ich rufe dich auch noch über Handy an. Danke, Jens.

13

Guten Tag, Frau Haller. Ihr Fahrrad ist fertig. Sie können es abholen. Die Reparatur kostet 75 Euro 50. Wir haben heute bis 18 Uhr 30 geöffnet. Vielen Dank.

14

Hallo, Karsten. Ich bin jetzt in München, der Flug war gut. Ich bin dann mit der S-Bahn zum Bahnhof gefahren. Da bin ich jetzt, ich warte auf dich vor der Apotheke hier am Bahnhof.

15

Hallo, Ricardo. Ich habe ein kleines Problem. Ich fahre doch morgen eine Woche weg. Kannst du nach der Post sehen und den Blumen Wasser geben? Ich gebe dir heute Abend noch meinen Wohnungsschlüssel. Ruf mich an, wenn du wieder zu Hause bist. Danke.

Modelltest 4

Hören Teil 1

Die Aufnahmen zum Modelltest 4 stehen auf der Internetseite **www.cornelsen.de/start-deutsch1** zur Verfügung.

Beispiel

Verkäuferin: *Guten Tag. Kann ich Ihnen helfen?*

Kundin: *Ja. Haben Sie diesen Pullover auch in Rot?*

Verkäuferin: *Nein, leider nicht.*

Kundin: *Schade. Und wie viel kostet diese Jacke?*

Verkäuferin: *Die Jacke kostet nur 55 Euro. Sie ist im Angebot.*

Kundin: *Ja, aber die Farbe gefällt mir nicht.*

Verkäuferin: *Wir haben auch noch Hosen bekommen – zu günstigen Preisen.*

Kundin: *Ja, die Jeans hier für 49 Euro gefällt mir. Ich nehme sie.*

1

Patient: *Guten Tag. Mein Name ist Bernd Köhler. Ich bin krank und brauche einen Termin. Geht es morgen, am Donnerstag?*

Arzthelfer: *Nein, morgen haben wir keine Termine mehr frei. Können Sie am Freitag um 15 Uhr oder auch um 16 Uhr 30?*

Patient: *Freitag um 15 Uhr passt mir gut.*

Arzthelfer: *Dann bis Freitag. Auf Wiederhören.*

2

Vera: *Julia, ich gehe schnell einkaufen. Was möchtest du zum Frühstück?*

Julia: *Frische Brötchen und Eier.*

Vera: *Soll ich auch Käse kaufen?*

Julia: *Nein, Käse mag ich nicht. Aber vielleicht kannst du ein paar Scheiben Schinken kaufen, das wäre super.*

Vera: *Gut, dann gehe ich zum Supermarkt.*

3

Wladimir: *Hallo, Yvonne, ich habe gehört, du hast eine neue Wohnung. Wann ziehst du um?*

Yvonne: *Ich muss ab Oktober Miete zahlen, aber ich kann schon am 15. September umziehen.*

Wladimir: *Das ist toll. Dann hast du viel Zeit.*

4

Goran: *Hallo, John, was möchtest du trinken? Einen Kaffee oder möchtest du einen Apfelsaft?*

John: *Ich mag Kaffee, aber ich habe heute schon so viel Kaffee getrunken. Gib mir bitte einen Apfelsaft.*

Goran: *Oder ein Bier?*

John: *Nein, lieber einen Apfelsaft. Ein Bier vielleicht später.*

5

Agnes: *Sofia, wann wollen wir uns treffen? Kannst du am nächsten Mittwoch?*

Sofia: *Nein, am nächsten Mittwoch geht es leider nicht.*

Agnes: *Und hast du am Donnerstag Zeit?*

Sofia: *Ja, Donnerstag ist gut. Ich kann ab 8 Uhr abends.*

Agnes: *Super, dann sehen wir uns Donnerstag.*

6

Mann: *Guten Tag, ich suche eine Apotheke.*

Frau: *Das ist ganz einfach. Fahren Sie an der nächsten Straße nach rechts und dann gleich wieder links. Da ist eine Apotheke.*

Hören Teil 2

Beispiel

Liebe Fluggäste, gebucht auf Lufthansa-Flug LH 170 nach Berlin. Wegen schlechten Wetters ist der Abflug nach Berlin heute nicht um 16 Uhr 30, sondern um 17 Uhr. Ich wiederhole: Abflug nach Berlin: heute eine halbe Stunde später.

7

Liebe Besucherinnen und Besucher des Panoramabads. Bitte beachten Sie unsere Öffnungszeiten. Wie jeden Montag haben wir heute nur bis 20 Uhr geöffnet. Zu Ihrer Information: An den anderen Wochentagen, auch am Wochenende, können Sie bei uns bis 22 Uhr schwimmen.

8

Liebe Kundinnen und Kunden. Besuchen Sie unsere Lebensmittelabteilung im ersten Stock. Heute empfehlen wir: frisches Gemüse aus der Region. Und noch ein Hinweis: In unserem Restaurant im dritten Stock bieten wir Ihnen heute leckeren Sauerbraten für nur 9 Euro 50 und verschiedene Salatplatten für nur 6 Euro.

9

Meine Damen und Herren, in wenigen Minuten erreichen Sie Frankfurt am Main, Hauptbahnhof. Leider hat unser Zug im Moment 20 Minuten Verspätung. Ihr Anschlusszug nach München, planmäßige Abfahrt 18 Uhr 12, wartet aber auf Sie. Wir bitten um Ihr Verständnis.

10

Liebe Kundinnen und Kunden. Der Winter steht vor der Tür. Winterschuhe in allen Größen für den Herrn und die Dame finden Sie im dritten Stock. Suchen Sie Kinderschuhe, gehen Sie bitte in den vierten Stock.

Hören Teil 3

11

Hallo, Maria, hier ist Anna. Du hast doch noch die CDs von mir. Du, ich brauche sie wieder. Eine Freundin macht am Wochenende eine Party und ich will ihr die CDs geben. Kann ich sie heute Abend so ab 20 Uhr abholen? Danke und bis dann.

12

Guten Tag, Herr Meier, hier spricht Gunter Schmidt. Ich kann morgen leider noch nicht zur Arbeit kommen. Ich bin immer noch krank. Ich war gestern beim Arzt und er hat mich bis Ende der Woche krankgeschrieben. Ich komme dann nächste Woche wieder, am Montag. Tut mir leid, aber es geht nicht anders. Auf Wiederhören.

13

Hallo, Roberto. Wir haben bald Urlaub und wollen dieses Jahr nach Österreich fahren, nicht ans Meer. Da waren wir schon so oft. Ihr wart doch letztes Jahr in Österreich. Habt ihr Tipps? Könnt ihr etwas empfehlen? Wart ihr eigentlich auch schon mal in der Schweiz? Ruft uns bitte an. Jan.

14

Hallo, Agnes, also, ich habe mal im Internet nachgesehen – also, das Konzert ist nicht in der Stadthalle, sondern auf dem Marktplatz. Treffen wir uns dort? Ich bin jetzt noch in der Volkshochschule, aber um 20 Uhr kann ich da sein. Bis dann. Ewa.

15

Hallo, Claudia, hier Anja. Du hast gesagt, du willst am Samstag in die Disco gehen. Können wir nicht bei dir zu Hause bleiben und einfach fernsehen? Ich bin ein bisschen krank. Ich kann aber zwei Pizzas mitbringen und auch etwas zu trinken. Was denkst du? Bitte ruf mich an. Danke. Anja.

Modelltest 1

Die Lösungen und Beispiele für Hören 1–3, Lesen 1–3 und Schreiben 1–2 finden Sie bei den Übungen zum Modelltest 1 auf den Seiten 8–42.

Schreiben Teil 2

Seite 42

Sehr geehrte Damen und Herren – Sehr geehrter Herr Schmidt – Sehr geehrte Frau Maier – Liebe Claudia – Lieber Robert – Hallo Claudia – Hallo Robert – Viele Grüße – Mit freundlichen Grüßen

Sprechen Teil 1

Seite 44
Beispiel
- Wie heißen Sie? Was ist Ihr Vorname und Ihr Nachname?
- ▶ Ich heiße Tom Gibson.
- Können Sie das bitte buchstabieren?
- ▶ Ja: T O M und dann G I B S O N.
- Wie alt sind Sie?
- ▶ Ich bin 42 Jahre alt.
- Woher kommen Sie?
- ▶ Ich komme aus England, aus London.
- Wo wohnen Sie?
- ▶ Ich wohne jetzt in Berlin.
- Wie heißt die Straße?
- ▶ Das ist die Yorckstraße.
- Wie ist Ihre Hausnummer?
- ▶ Die Hausnummer ist 65.
- Wie ist die Postleitzahl?
- ▶ Die Postleitzahl ist 10965.
- Haben Sie Telefon? Wie ist Ihre Nummer?
- ▶ Ja, meine Nummer ist 030, das ist die Vorwahl für Berlin. Und dann die 321 12 34.
- Haben Sie ein Handy? Wie ist Ihre Nummer?
- ▶ Ja. Meine Handynummer ist 0160-32 46 78 87.
- Welche Sprachen sprechen Sie?
- ▶ Ich spreche Englisch und ein bisschen Deutsch.
- Was ist Ihre Muttersprache?
- ▶ Meine Muttersprache ist Englisch.
- Was sind Sie von Beruf? / Was ist Ihr Beruf?
- ▶ Ich habe im Moment keine Arbeit. Ich möchte Deutsch lernen und dann in Deutschland arbeiten.
- Was ist Ihr Hobby? / Was machen Sie gern?
- ▶ Ich fahre gern Fahrrad und mag Schwimmen sehr.

Sprechen Teil 2

Seite 49
Beispiel
- Wo kaufst du am liebsten ein?
- ▶ Am liebsten kaufe ich im Supermarkt ein.
- Wo kaufst du Getränke?
- ▶ Ich kaufe Getränke im Getränkemarkt oder im Supermarkt.
- Gehst du gern auf dem Markt einkaufen?
- ▶ Ja, immer am Samstag. Ich liebe den Markt.
- Kaufst du oft Schokolade?
- ▶ Nein, nicht oft. Ich liebe Schokolade, aber zu viel ist nicht gut.
- Wo kaufst du Gemüse?
- ▶ Auf dem Markt. Da schmeckt es besser.
- Wann kaufst du ein?
- ▶ Immer nach der Arbeit oder am Wochenende.
- Was ist dein Hobby?
- ▶ Ich schwimme gern.
- Was machst du gern am Wochenende?
- ▶ Ich spiele gern Fußball oder gehe in die Disco.
- Wann hast du Freizeit?
- ▶ Leider nur am Wochenende. Montag bis Freitag muss ich viel arbeiten.
- Spielst du gern Fußball?
- ▶ Nein, Fußball mag ich nicht.
- Was ist dein Lieblingssport?
- ▶ Radfahren.
- Was machst du gern am Sonntag?
- ▶ Am Sonntag koche ich gern.

Sprechen Teil 3

Seite 53
Beispiel
- Kannst du mir sagen: Wie spät ist es?
- ▶ Es ist 12 Uhr.
- Der Kühlschrank ist leer. Kannst du einkaufen gehen?
- ▶ Ja, kein Problem. Was brauchen wir? / Nein, tut mir leid. Ich habe keine Zeit.
- Könnten Sie Briefmarken kaufen?
- ▶ Ja, kein Problem. Ich gehe zur Post.
- Darf ich mal telefonieren?
- ▶ Ja, ich gebe dir mein Handy.
- Ich brauche morgen ein Fahrrad. Kann ich dein Fahrrad haben?
- ▶ Ja, kein Problem, aber nur am Mittag.
- Können Sie mir bitte etwas Milch geben?

▶ Ja, hier ist sie.

● Kannst du mir bitte die Schlüssel geben?

▶ Ja, bitte.

● Es ist kalt. Können Sie bitte die Tür zumachen?

▶ Ja, natürlich.

● Haben Sie einen Bleistift für mich?

▶ Ja, bitte. Sie können den Bleistift haben.

● Die Musik ist super. Kann ich die CD haben?

▶ Ja, gern.

● Kann ich dein Auto heute Abend haben?

▶ Nein, tut mir leid. Ich brauche mein Auto heute.

● Gibst du mir bitte dein Wörterbuch?

▶ Ja, hier ist es.

Wortschatztraining

Uhrzeit und Zeitangaben

1   1a; 2c; 3a; 4b; 5b

2   1a; 2b; 3b; 4c; 5a; 6a

3   Januar; Februar; März; April; Mai; Juni; Juli; August; September; Oktober; November; Dezember

4   Frühling; Sommer; Herbst; Winter

5   Montag; Dienstag; Mittwoch; Donnerstag; Freitag; Samstag; Sonntag

6   7.00 Uhr – am Morgen / am Vormittag; 12.00 Uhr – am Mittag; 15.00 Uhr – am Nachmittag; 20 Uhr – am Abend; 23 Uhr – in der Nacht

7   1. Der Deutschkurs fängt am nächsten Montag um 18 Uhr an. Im August sind Ferien.
    2. Nadja ist im Februar geboren, am 2. Februar 1985.
    3. Im Sommer machen wir Urlaub. Wir fahren am 1. August nach Italien.

Angaben zur Person

1   1. Wie; 2. Wo; 3. Woher; 4. Was; 5. Wie

2   1. Wo wohnen Sie?
    2. Ich wohne in Berlin.
    3. Wie geht es Ihnen?
    4. Danke, es geht mir gut.
    5. Sprechen Sie Deutsch?
    6. Ich spreche ein bisschen Deutsch.
    7. Wo lernen Sie Deutsch?
    8. Lernen Sie Deutsch in Deutschland?

9. Ich lerne Deutsch in Spanien.
10. Jetzt mache ich die A1-Prüfung. / Ich mache jetzt die A1-Prüfung.

3. | der Bruder | die Schwester | die Geschwister |
    | der Onkel | die Tante | |
    | der Vater | die Mutter | die Eltern |
    | der Sohn | die Tochter | die Kinder |
    | der Großvater | die Großmutter | die Großeltern |
    | der Opa | die Oma | |

4. 1. Name; 2. Vorname; 3. Familienname; 4. geboren 5. Beruf; 6. Adresse; 7. Postleitzahl; 8. Telefonnummer; 9. Vorwahl; 10. verheiratet; 11. Kinder; 12. Bruder

5a. 1. Peter Schlosser; 2. Jutta Albrecht; 3. Yasar Öztürk; 4. Magdalena Czoska

5b 1. Pauly; 2. VW; 3. BMW; 4. GZE

6   1. 0176-22 38 93 27; 2. 069-43 28 11; 3. 0611-562 25; 4. 0043-0732

7   1. Mein Name ist Thomas Schmidt.
    2. Ich wohne in Berlin.
    3. Ich bin Taxifahrer von Beruf.
    4. Was sind Sie von Beruf?
    5. Haben Sie Kinder?
    6. Und wie ist Ihre Adresse?
    7. Meine Adresse ist Leibnizstraße 35, Frankfurt.
    8. Die Postleitzahl ist 60316.

8   Hallo, Martin!
    Hallo, Peter!
    Wie geht es dir?
    Gut, danke. Und dir?
    Auch gut, danke. / Es geht.

    Guten Abend, Frau Boumard.
    Guten Abend, Herr Becker.
    Wie geht es Ihnen?
    Danke, gut, und Ihnen?
    Es geht. / Auch gut, danke.

9   Beispiel
    ● Wie groß ist Ihre/deine Familie?
    ▶ Ich habe einen Mann und zwei Kinder.
    ● Wo leben Ihre/deine Eltern?
    ▶ Meine Eltern leben in Brasilien. / Ich lebe mit meinen Eltern zusammen in Berlin.
    ● Haben Sie / Hast du Geschwister?
    ▶ Ja, einen Bruder und eine Schwester.

● Was machen Sie / machst du am Sonntag mit Ihrer/deiner Familie?

▶ Wir gehen oft spazieren.

● Haben Sie / Hast du Kinder?

▶ Ja, eine Tochter.

● Wie viele Kinder haben Sie / hast du?

▶ Ich habe zwei Kinder, einen Sohn und eine Tochter.

● Machen Sie / Machst du mit Ihrer/deiner Familie zusammen Urlaub?

▶ Ja, immer. / Nein, ich mache gern ohne meine Eltern Urlaub.

Wohnen

1 Das Haus
der Aufzug: 6; der Balkon: 5; der Baum: 2; der Garten: 1; das Fenster: 3; die Treppe: 7; die Tür: 4

Die Wohnung
das Wohnzimmer: 19; das Schlafzimmer: 11; das Kinderzimmer: 8; die Küche: 25; das Badezimmer / das Bad: 14

das Bett: 13; die Blumen: 22; die Dusche: 15; das Bild: 9; Handtuch: 18; der Herd: 30; die Kaffeemaschine: 28; der Kühlschrank: 27; die Lampe: 12; der Schlüssel: 21; der Schrank: 10; das Sofa: 20; der Spiegel: 17; der Stuhl: 24; der Tisch: 23; die Uhr: 26; die Waschmaschine: 29; die Toilette / das WC: 16

2 Wohnzimmer: der Tisch, die Lampe, der Schrank, das Sofa, der Stuhl; – Schlafzimmer: das Bett, die Lampe, der Schrank, der Spiegel, der Stuhl; – Küche: der Tisch, der Herd, die Kaffeemaschine, der Kühlschrank, der Stuhl, die Waschmaschine; – Bad: die Dusche, das Handtuch, der Spiegel

3. 1. falsch; 2. richtig; 3. falsch

4. 1a; 2a; 3b

5. 1. falsch; 2. falsch

6. Beispiel
● Wo ist Ihre/deine Wohnung?
▶ Wir wohnen in der Stadt.
● Wie groß ist Ihre/deine Wohnung?
▶ Wir haben 3 Zimmer. / Die Wohnung ist 70 Quadratmeter groß.
● Wie hoch ist die Miete?
▶ Die Miete ist 500 Euro.
● Sind Sie / Bist du mit der Wohnung zufrieden?

▶ Ja, die Wohnung ist sehr schön. / Nein, die Wohnung ist zu klein / zu teuer.

7 Beispiel
Hallo …
Du suchst eine Wohnung?
Ich habe ein paar Fragen.
Wie groß soll die Wohnung sein? Wie viele Zimmer möchtest du haben?
Wann willst du umziehen?
Wie hoch kann die Miete sein?
Möchtest du in der Stadt wohnen oder wo am liebsten?
Schreib mir. Vielleicht kann ich dir helfen.
Viele Grüße

Reisen und Verkehr

1 der Bus, die Straßenbahn, das Auto, das Schiff, das Flugzeug, die (S-)Bahn, der Zug, das Fahrrad

2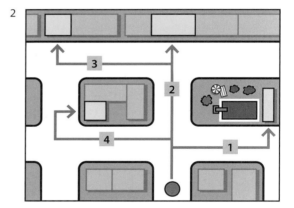

3 1. Fahrkarten; 2. zurück; 3. fahren; 4. Abfahrt; 5. Ankunft; 6. Gleis; 7. Klasse; 8. reservieren; 9. zahlen

4. 1a; 2b

5 1 1b; 2a
2 1. falsch; 2. richtig
3 1b; 2b; 3a

6 1. richtig; 2. richtig; 3. falsch; 4. falsch

7 geblieben; gegessen; getrunken; gemacht; geschlafen; gefahren; gesehen; ich habe gegessen; ich habe getrunken; ich habe gesehen; ich habe gemacht; ich habe geschlafen; ich bin gefahren

8 1. Reise; 2. besuchen; 3. Reiseführer; 4. Sehenswürdigkeiten; 5. Gepäck, Koffer; 6. fahren; 7. Zug;
8. Bahnhof; 9. dauert; 10. Hotel

9 1. reservieren; 2. fahren; 3. aussteigen; 4. gehen

10 1. fliegen/abfliegen; 2. ankommen; 3. abfahren;
4. fahren; 5. halten; 6. reisen; 7. reservieren; 8. übernachten

11 Beispiel
Straßenbahn; U-Bahn; S-Bahn; Bahnhof; Bahnsteig;
Bahnfahrt

12 Beispiel
1. Wann machst du Urlaub?
2. Wohin fährst du am liebsten?
3. Nimmst du viel Gepäck mit?
4. Wie reist du gern?
5. Wo übernachtest du am liebsten?

Essen und Trinken

1

B	I	R	N	E	E	R	B	R	O	T	Q	F	B	W	T
A	P	F	E	L	S	E	R	E	I	O	M	I	U	E	S
R	F	N	I	B	R	Ö	T	C	H	E	N	S	T	I	C
E	H	K	M	I	L	C	H	E	T	E	Ê	C	T	N	H
I	S	A	L	E	K	A	F	F	E	E	K	H	E	S	I
S	A	F	T	R	L	B	A	N	A	N	E	G	R	Ä	N
H	Ä	H	N	C	H	E	N	K	U	C	H	E	N	L	K
K	Ä	S	E	W	A	S	S	E	R	S	A	L	A	T	E
K	A	R	T	O	F	F	E	L	T	O	M	A	T	E	N
B	P	O	M	M	E	S	F	R	I	T	E	S	D	A	A

Obst: die Birne; der Apfel; die Banane
Gemüse: die Tomate; der Salat
Milchprodukte: die Milch; die Butter; der Käse
Wurst und Fleisch: das Hähnchen; der Schinken
Backwaren: das Brot; das Brötchen; der Kuchen
Getränke: der Tee; der Kaffee; der Saft; das Wasser;
der Wein; das Bier
Sonstiges: das Ei; die Kartoffel; die Pommes frites;
der Reis; der Fisch

2 1. falsch; 2. richtig; 3. falsch

6 ● Guten Tag. Ich möchte gern bestellen. Haben Sie
eine Speisekarte?
▶ Bitte schön, hier ist die Speisekarte.
● Ich nehme die Tomatensuppe und einen Salat.
▶ Eine Tomatensuppe und einen Salat, gerne. Und
was möchten Sie trinken?
● Einen Kaffee, bitte.

▶ Oh, tut mir leid, wir haben im Moment keine
warmen Getränke. Die Kaffeemaschine ist kaputt.
● Dann bitte einen Apfelsaft.

7 Rechnung, macht, bar, bezahle bar

8 Beispiel
● Was essen Sie / isst du zum Frühstück?
▶ Ich esse meistens zwei Brötchen mit Butter und
Käse.
● Wann frühstücken Sie / frühstückst du?
▶ Ich frühstücke meistens um 7 Uhr. Am Wochen-
ende frühstücke ich spät, um 10 Uhr.
● Mit wem frühstücken Sie / frühstückst du?
▶ Ich frühstücke zusammen mit meiner Familie.
Mit meinem Mann und den Kindern.
● Wann frühstücken Sie / frühstückst du am
Wochenende?
▶ Am Wochenende frühstücke ich spät, am Sams-
tag um 10 Uhr, am Sonntag um 11 Uhr.
● Was frühstücken Sie / frühstückst du am
Wochenende?
▶ Am Wochenende frühstücke ich viel und gut.
Eier, Wurst und Käse.

9 Beispiel
● Können Sie mir bitte das Salz geben?
▶ Ja, gern. Kein Problem.
● Ich brauche Zucker. Gibst du mit bitte Zucker?
▶ Ja, natürlich. Hier ist der Zucker.
● Wir haben kein Essen mehr. Kannst du einkaufen
gehen?
▶ Ja, kein Problem. Was brauchen wir? / Nein, tut
mir leid. Ich habe keine Zeit.

Lebensmittel einkaufen

1 die Äpfel – das Kilo: 1,59 €
die Birnen – das Kilo: 1,75 €
die Tomaten – das Pfund: 1,44 €
die Kartoffeln – das Kilo: 1,85 €
die Bananen – das Pfund: 1,90 €

2 ein Weißbrot: 99 Cent
eine Packung Pommes frites: 1,25 €
ein Liter Milch: 1,07 €
eine Flasche Wasser: 59 Cent
eine Flasche Apfelsaft: 79 Cent

3 a

4 c

5 1a; 2b; 3a; 4b; 5a

6 1. richtig; 2. richtig; 3. falsch

Freizeit

1 4 – schwimmen; 5 – lesen; 12 – Rad fahren;
2 – Musik hören; 10 – Gitarre spielen; 9 – Karten
spielen; 7 – am Computer spielen; 11 – ins Kino gehen; 3 – wandern; 8 – Sport machen; 6 – tanzen;
1 – Fußball spielen

3 ☺

Das finde ich toll. Das ist super. Das gefällt mir. Das
finde ich schön. Das finde ich sehr schön. Das ist
interessant. Das mag ich.

☹

Das finde ich langweilig. Das gefällt mir nicht. Das
ist uninteressant. Das mag ich nicht.

4 1a; 2b; 3a

5 1. falsch; 2. falsch

6 1c; 2b

7 1. 30 Jahre; 2. männlich; 3. Schwimmen, Ballspiele;
4. bar; 5. 1. Dezember

Post und Bank

1a waagrecht:
1. Schalter; 4. Bank; 6. überweisen; 7. Post; 8. Konto;
9. Absender

senkrecht:
2. Empfänger; 3. ausfüllen; 4. Briefmarke; 5. besetzt

1b 1. überweisen; Konto; 2. Briefmarke; 3. Schalter

2 1. Anrufbeantworter; Sprechen
2. Telefonnummer; anrufen
3. besetzt
4. telefoniere

3. 1. ein Formular unterschreiben, ausfüllen, bekommen
2. Briefmarken kaufen, bezahlen
3. eine E-Mail schicken, bekommen

Beim Arzt

1 das Auge; das Haar; das Bein; der Bauch; der Mund;
der Arm; der Kopf; der Zahn; die Hand; der Fuß; die
Nase; das Ohr

2 1. das Ohr; 2. der Mund; 3. das Auge/die Augen;
4. die Hand; 5. das Bein; der Arm; 6. das Bein

3.1 1. richtig; 2. falsch; 3. falsch

3.2 1. richtig; 2. falsch; 3. falsch

4 Beispiel
Liebe Frau Groß,
leider kann ich morgen nicht zum Unterricht
kommen.
Ich bin krank und liege im Bett.
Nächsten Montag kann ich wieder in den Kurs
kommen.
Können Sie mir bitte die Hausaufgaben sagen?
Vielen Dank.
Mit freundlichen Grüßen

Kleidung

1 die Hose: 3; die Jeans: 8; das Hemd: 4; der Pullover:
1; die Jacke: 6; der Mantel: 7; die Schuhe: 5; der
Rock: 2

2 ● Guten Tag, ich suche Sportschuhe.
▶ Schauen Sie mal, Schuhe sind dort am Fenster.
Welche Größe haben Sie?
● Größe 44.
▶ Die Größen 44 und 45 stehen rechts oben. Bitte
schön.
● Die Schuhe gefallen mir gut. Sind sie teuer?
▶ Nein, sie kosten nur 55 Euro. Sie sind im An-
gebot.
● Gut, ich nehme die Schuhe. Wo kann ich be-
zahlen?
▶ Die Kasse ist dort hinten links.

3 1. teuer – billig/günstig; 2. groß – klein; 3. kurz –
lang; 4. neu – alt; 5. hässlich – schön; 6. langweilig –
interessant; 7. schwarz – weiß

4 1. Dahlmannstraße 15; 2. 60385 Frankfurt;
3. schwarz; 4. 34/32; 5. Überweisung

5 1b; 2a

Schule, Arbeit, Beruf

1   Schule
    die Klasse; der Lehrer; die Prüfung; der Unterricht; der Kurs; lernen; der Schüler; die Schülerin; die Ausbildung; die Lehrerin; die Hausaufgaben

    Arbeit/Beruf
    der Job; arbeiten; die Chefin; Geld verdienen; der Arbeiter; das Büro; arbeitslos; der Arbeitsplatz; das Praktikum; lernen; die Firma; die Ausbildung; der Chef; selbstständig; die Stelle

2   1. Hausaufgaben; 2. Klasse; 3. Unterricht; 4. arbeitslos; 5. Praktikum; 6. selbstständig; 7. verdienen

3   1b; 2b

4   1. falsch; 2. richtig; 3. falsch

5   Beispiel
    ● Was sind Sie / bist du von Beruf?
    ▶ Ich arbeite im Büro.
    ● Haben Sie / hast du viele Kollegen?
    ▶ Ja, ich arbeite mit 2 Kollegen zusammen.
    ● Wie sind die Arbeitszeiten?
    ▶ Die Arbeitszeiten sind Montag bis Freitag von 9 bis 17 Uhr.
    ● Haben Sie / hast du viel Urlaub?
    ▶ Ich habe 20 Tage Urlaub im Jahr.

6   Beispiel
    1 ● Hast du bitte einen Kuli für mich? / Ich brauche einen Kugelschreiber. / Kannst du mir einen Kuli geben?
       ▶ Ja, bitte.

    2 ● Ich bin krank. Was sind die Hausaufgaben?
       ▶ Seite 24 im Kursbuch.

    3 ● Kannst du das Handy bitte leiser machen / ausmachen?
       ▶ Ja, natürlich, Entschuldigung.

Modelltest 2

Hören

1b; 2a; 3c; 4c; 5b; 6c; 7. richtig; 8. richtig; 9. falsch; 10. falsch; 11c; 12c; 13c; 14a; 15b

Lesen

1. falsch; 2. richtig; 3. richtig; 4. richtig; 5. richtig; 6b; 7b; 8b; 9a; 10a; 11. richtig; 12. falsch; 13. richtig; 14. falsch; 15. falsch

Schreiben Teil 1

1. Oleg; 2. männlich; 3. Fußball spielen; 4. 5 €; 5. vierteljährlich

Modelltest 3

Hören

1b; 2b; 3c; 4a; 5b; 6a; 7. richtig; 8. richtig; 9. richtig; 10. falsch; 11b; 12b; 13a; 14a; 15a

Lesen

1. richtig; 2. richtig; 3. richtig; 4. falsch; 5. falsch; 6b; 7a; 8a; 9b; 10a; 11. falsch; 12. richtig; 13. richtig; 14. richtig; 15. falsch

Schreiben Teil 1

1. Berlin; 2. 8. Juni; 3. Doppelzimmer; 4. kein Frühstück; 5. Fernseher, Fahrräder

Modelltest 4

Hören

1c; 2a; 3b; 4b; 5b; 6a; 7. falsch; 8. falsch; 9. richtig; 10. richtig; 11c; 12c; 13b; 14a; 15b

Lesen

1. richtig; 2. richtig; 3. richtig; 4. falsch; 5. richtig; 6b; 7a; 8a; 9b; 10a; 11. richtig; 12. falsch; 13. richtig; 14. falsch; 15. richtig

Schreiben Teil 1

1. Berliner Straße 29; 2. Offenbach; 3. 2. März 1980; 4. (1x) Pluspunkt Deutsch A1; 5. bar

Wortfelder

Diese Liste enthält wichtige Wörter aus dem A1-Wortschatz. Eine vollständige Liste finden Sie in der Broschüre Goethe Zertifikat A1 Start Deutsch 1, Prüfungsziele – Testbeschreibung, 2011, www.goethe/de.shop.

1 Zahlen

· die Zahl, die Zahlen
· 1 – eins
· 2 – zwei
· 3 – drei
· 4 – vier
· 5 – fünf
· 6 – sechs
· 7 – sieben
· 8 – acht
· 9 – neun
· 10 – zehn
· 11 – elf
· 12 – zwölf
· 13 – dreizehn
· 14 – vierzehn
· 15 – fünfzehn
· 16 – sechzehn
· 17 – siebzehn
· 18 – achtzehn
· 19 – neunzehn
· 20 – zwanzig
· 21 – einundzwanzig
· 22 – zweiundzwanzig
· 23 – dreiundzwanzig
· …
· 30 – dreißig
· 40 – vierzig
· 50 – fünfzig
· 60 – sechzig
· 70 – siebzig
· 80 – achtzig
· 90 – neunzig
· 100 – (ein)hundert
· 101 – hunderteins
· 200 – zweihundert
· 1000 – (ein)tausend
· 1 000 000 – eine Million
· 2 000 000 – zwei Millionen
· der/die/das   erste …
              zweite …
              dritte …
              vierte …
              …
       zwanzigste …
       dreißigste …
       …
       hundertste …

2 Datum

· 2013 = zweitausenddreizehn
· Heute ist der 1. Mai = Heute ist der erste Mai / der erste Fünfte
· Berlin, 12. April 2013 = Berlin, zwölfter Vierter zweitausenddreizehn
· 1/2 = ein halb
· eine halbe Stunde, ein halbes Brot, es ist halb 5.
· 1/4 = ein Viertel

3 Preise

· Das Buch kostet 15,20 € / 15 € 20 – Das Buch kostet fünfzehn Euro zwanzig. / Das Buch kostet fünfzehn zwanzig. Das Buch kostet 25 € / Das Buch kostet fünfundzwanzig Euro.

4 Tage, Monate

· der Tag, die Tage
· die Woche, die Wochen
· der Montag
· der Dienstag
· der Mittwoch
· der Donnerstag
· der Freitag
· der Samstag/der Sonnabend
· der Sonntag
· am + Tag – am Montag, Dienstag …
· das Wochenende – am Wochenende
· der Feiertag, die Feiertage
· das Jahr, die Jahre
· der Monat, die Monate
· der Januar
· der Februar
· der März
· der April
· der Mai
· der Juni
· der Juli
· der August
· der September
· der Oktober
· der November
· der Dezember
· im + Monat – im Januar, Februar …
· die Jahreszeiten
· der Frühling
· der Sommer
· der Herbst
· der Winter
· im Frühling/Sommer/Herbst/Winter
· der Morgen
· der Vormittag
· der Mittag
· der Nachmittag
· der Abend
· die Nacht, die Nächte
· am Morgen, Vormittag
· am Mittag, am Nachmittag
· am Abend
· in (!) der Nacht
· der erste August
· am ersten August

5 Uhrzeit, Zeitangaben

· Wann?
· Wie spät ist es?
· Wie viel Uhr ist es?
· Es ist …
       ein Uhr
       halb zwei
       Viertel vor drei

Viertel nach drei
fünf (Minuten) vor 4
kurz vor 4
gleich 4
genau 4 Uhr
fünf (Minuten) nach 4
- Es ist vierzehn Uhr dreißig = Es ist halb 3.
- um 3 Uhr
- von 2 bis 3 Uhr
- ab 3 Uhr
- Was machen wir heute Abend?
- Wann treffen wir uns?
- Am Freitag um 12 Uhr.
- anfangen
  Wann fängt der Kurs an?
  Der Kurs fängt um 9 Uhr an.
  der Anfang
- aufhören
  Wann hört der Kurs auf?
  Der Kurs hört um 12 Uhr auf.
- das Ende
- dauern
  Wie lange dauert der Kurs?
  Der Kurs dauert von 9 bis 12 Uhr.
- seit
  Seit heute haben wir einen neuen Lehrer.
- immer
  Ich trinke immer Kaffee, jeden Tag.
- oft
  Ich trinke auch oft Tee.
- nie
  Bier mag ich nicht. Ich trinke nie Bier.

6 Fragewörter

- wer
  Wer ist das?
- was
  Was möchten Sie essen?
- wie
  Wie heißen Sie?
- wie viel
  Wie viel kostet das?
  Wie viele Kinder haben Sie?
- wo
  Wo wohnen Sie?

- wohin
  Wohin gehen Sie?
- welcher, welche, welches, …
  Welcher Bus fährt zum Bahnhof?
- wann
  Wann fährt der Bus ab?
- warum
  Warum machen Sie die Prüfung?

7 Kontakte

- Guten Morgen / Guten Tag / Guten Abend.
- Gute Nacht.
- Hallo.
- Guten Tag, Herr Schmidt.
- Guten Morgen, Frau Groß.
- der Name
  Mein Name ist …
- heißen
  Ich heiße …
- sein
  Ich bin …
- gehen
  Wie geht's?
  Wie geht es Ihnen?
- Wie geht es dir?
- danke
- gut
- Auf Wiedersehen! /
- (am Telefon:) Auf Wiederhören!
- Tschüss!
- Bis bald!

8 Angaben zur Person

- der Vorname, die Vornamen
- der Nachname, die Nachnamen
- der Familienname
- heißen
  Wie heißen Sie?
- buchstabieren
  Können Sie das bitte buchstabieren?
- der Herr, die Herren
- die Frau, die Frauen
- der Mann, die Männer
- männlich
- weiblich
- die Dame, die Damen

- der Junge, die Jungen
- das Mädchen, die Mädchen
- die Adresse, die Adressen
- der Wohnort, die Wohnorte
- wohnen
  Wo wohnen Sie?
- leben
  Wo leben Sie?
- die Straße, die Straßen
- der Platz, die Plätze
- die Nummer, die Nummern
- die Hausnummer, die Hausnummern
- die Stadt, die Städte
- die Postleitzahl, die Postleitzahlen
- das Dorf, die Dörfer
- das Land, die Länder
- das Telefon, die Telefone
- telefonieren
- anrufen
- die E-Mail, die E-Mails
- das Geburtsdatum
  Ich bin am 2. Mai geboren.
- der Geburtstag
  Herzlichen Glückwunsch zum Geburtstag!
- geboren in
- alt
- Robert ist 30 Jahre alt.
- die Familie, die Familien
- der Familienstand
- verheiratet
- ledig
- heiraten
- die Ehefrau
- der Ehemann
- die Hochzeit
- der Vater
- die Mutter
- die Eltern
- das Kind, die Kinder
- das Baby, die Babys
- der Sohn, die Söhne
- die Tochter, die Töchter
- der Bruder, die Brüder
- die Schwester, die Schwestern
- die Geschwister
- die Großmutter, die Oma
- der Großvater, der Opa

- die Großeltern
- die Verwandten
- der Freund, die Freunde
- die Freundin, die Freundinnen
- der/die Bekannte, die Bekannten
- der/die Erwachsene, die Erwachsenen
- der/die Jugendliche, die Jugendlichen
- der Kindergarten, die Kindergärten
- der Pass, Reisepass, die Pässe, die Reisepässe
- der Ausweis, die Ausweise
- die Papiere (Plural)
- das Formular, die Formulare
- ausfüllen
  Füllen Sie bitte das Formular aus.
- die Staatsangehörigkeit, die Staatsangehörigkeiten
- der Führerschein, die Führerscheine
- unterschreiben
  Unterschreiben Sie bitte das Formular.
- die Unterschrift, die Unterschriften
- ankreuzen
  Was muss ich auf dem Formular ankreuzen?

9 Wohnen

- wohnen
- die Wohnung, die Wohnungen
- das Haus, die Häuser
- das Zimmer, die Zimmer
- das Wohnzimmer
- das Schlafzimmer
- das Kinderzimmer
- die Küche
- das Badezimmer
- die Toilette / das WC
- der Raum, die Räume
- der Quadratmeter, die Quadratmeter (m²)
- Wie groß ist die Wohnung?
- Die Wohnung ist 50 m² groß.
- der Stock
  Wir wohnen im ersten Stock.

Meine Wohnung liegt im ersten Stock.
- die Miete
  Die Miete für die Wohnung ist 500 Euro.
- der Mieter, die Mieter
- der Vermieter, die Vermieter
- mieten
  Wir haben eine Wohnung gemietet.
- vermieten
- umziehen
- das Apartment, die Apartments
- die Tür, die Türen
- zu sein
  Die Tür ist zu.
- das Fenster, die Fenster
- auf sein
  Das Fenster ist auf.
- die Wand, die Wände
- der Eingang, die Eingänge
- der Ausgang, die Ausgänge
- der Balkon, die Balkons
- der Garten, die Gärten
- die Garage, die Garagen
- die Möbel (Plural)
- der Tisch, die Tische
- der Stuhl, die Stühle
- der Schrank, die Schränke
- das Sofa, die Sofas
- das Bett, die Betten
- der Herd, die Herde
- der Kühlschrank, die Kühlschränke
- die Dusche, die Duschen
- (sich) duschen
- das Bad, die Bäder
- baden
- das Handtuch, die Handtücher
- das Bild, die Bilder
- der Spiegel, die Spiegel
- die Uhr, die Uhren
- das Licht
  das Licht anmachen
  das Licht ausmachen
- der Aufzug, die Aufzüge
- der Lift
- die Treppe, die Treppen
- der Schlüssel, die Schlüssel

10 Reisen und Verkehr

- Wo?
- geradeaus
- links
- rechts
- Wo ist die Post?
  Gehen Sie immer geradeaus.
  Die erste Straße links.
  Die zweite Straße rechts.
- die Ecke, die Ecken
  Die Post ist an der nächsten Ecke links.
- Wohin?
  Wohin fährt der Zug? Nach Berlin.
- Wie weit ist es bis Berlin?
  Fünfzig Kilometer.
- das Auto, die Autos
- der Bus, die Busse
- das Fahrrad, die Fahrräder
- der Zug, die Züge
- die Straßenbahn, die Straßenbahnen
- die S-Bahn, die S-Bahnen
- die U-Bahn, die U-Bahnen
- die Linie
  Linie S6 fährt zum Bahnhof.
- das Taxi, die Taxis
- das Schiff, die Schiffe
- mit dem Auto / mit dem Bus /
- mit dem Zug / mit der Straßenbahn /
- mit der S-Bahn / mit dem Taxi /
- mit dem Schiff fahren
- mit dem Fahrrad fahren
- Rad fahren
- das Flugzeug, die Flugzeuge
- fliegen (mit)
- der Flughafen, die Flughäfen
- der Bahnhof, die Bahnhöfe
- die Haltestelle, die Haltestellen
- die Durchsage, die Durchsagen
- parken
  Sie dürfen hier nicht parken.
- halten
- verboten
  Das ist verboten.
- Stopp!
- die Autobahn, die Autobahnen

- der Unfall, die Unfälle
- die Polizei
- rufen
  Rufen Sie die Polizei!
- der Führerschein, die Führerscheine
- abfahren
  Wann fährt der Zug ab?
- die Abfahrt
- abfliegen
- der Abflug
- ankommen
  Wann kommt der Zug an?
- die Ankunft
- die Fahrt
- von … nach …
- dauern
  Wie lange dauert die Fahrt von Frankfurt nach Berlin?
  Die Fahrt nach Berlin dauert 5 Stunden.
- pünktlich
  Der Zug kommt pünktlich um 19 Uhr 22.
- einsteigen
- aussteigen
- umsteigen
- die Fahrkarte, die Fahrkarten
- das Ticket, die Tickets
- hin und zurück
- einmal, zweimal …
- der Platz, die Plätze
- reservieren
- erste, zweite Klasse
- das Gepäck
- der Koffer, die Koffer
- die Tasche, die Taschen
- der Urlaub
- die Ferien (Plural)
- Urlaub machen
- Ferien machen
- frei haben
- die Reise, die Reisen
- reisen
  Wir reisen gern.
  Ich mache eine Reise nach München.
- der Tourist / die Touristin
- das Reisebüro, die Reisebüros
- der Reiseführer, die Reiseführer

Ich kaufe mir einen Reiseführer von München.
Herr Meier ist unser Reiseführer.
- der Stadtplan, die Stadtpläne
- die Information, die Informationen
- der Ausflug, die Ausflüge
- besichtigen
- besuchen
- die Sehenswürdigkeit, die Sehenswürdigkeiten
- das Hotel, die Hotels
- die Pension, die Pensionen
- die Rezeption
- der Gast, die Gäste
- reservieren
- das Formular, die Formulare
- ausfüllen
  Füllen Sie bitte das Formular aus.
- die Nummer
  Ihr Zimmer hat die Nummer 111.
- der Schlüssel, die Schlüssel
  Hier ist Ihr Zimmerschlüssel.
- zahlen, bezahlen
- das Zimmer, die Zimmer
- das Einzelzimmer
- das Doppelzimmer
- mit Dusche/Bad
- ohne Dusche/Bad
- mit Frühstück
- ohne Frühstück
- die Halbpension
- die Vollpension
- Schöne Ferien!
- Gute Reise!

11 Essen und Trinken

- essen
- trinken
- kochen
- schmecken
- Das schmeckt sehr gut.
- Hunger haben
- Durst haben
- das Frühstück
- frühstücken
- das Mittagessen
- das Abendessen
- die Küche, die Küchen

- die Suppe, die Suppen
- Guten Appetit!
- die Lebensmittel (Plural)
- das Brot, die Brote
- das Brötchen, die Brötchen
- die Butter
- die Milch
- der Käse
- das Ei, die Eier
- der Fisch
- das Fleisch
- das Hähnchen
- der Schinken
- das Gemüse
- die Tomate, die Tomaten
- die Kartoffel, die Kartoffeln
- die Pommes (frites)
- der Salat
- das Öl
- die Nudeln
- der Kuchen
- das Eis
- das Obst
- die Orange, die Orangen
- der Apfel, die Äpfel
- die Banane, die Bananen
- die Birne, die Birnen
- die Zitrone, die Zitronen
- der Reis
- das Salz
- das Getränk, die Getränke
- das Wasser
- der Kaffee
- der Tee
- der Saft, die Säfte
- der Wein
- das Bier
- mögen
  Ich mag Nudeln.
- das Restaurant, die Restaurants
- das Café, die Cafés
- die Speisekarte
- bestellen
  Ich möchte gern bestellen.
- die Rechnung

12 Einkaufen

- kaufen
- einkaufen

- verkaufen
- der Verkäufer, die Verkäufer
- die Verkäuferin, die Verkäuferinnen
- der Kunde, die Kunden
- die Kundin, die Kundinnen
- das Geschäft, die Geschäfte
- der Supermarkt, die Supermärkte
- der Laden, die Läden
- das Kaufhaus, die Kaufhäuser
- die Bäckerei, die Bäckereien
- der Kiosk, die Kioske
- geöffnet (von – bis)
  Die Bäckerei ist samstags von 9 bis 14 Uhr geöffnet.
- geschlossen (von – bis)
  Der Kiosk ist von 13 bis 14 Uhr geschlossen.
- helfen
  Kann ich Ihnen helfen?
- bekommen
  Wo bekomme ich Lebensmittel?
- brauchen
- nehmen
- es gibt
  Tut mir leid. Es gibt keine Milch mehr.
- das Gewicht
- das Kilo(gramm)
- das Pfund
- das Gramm
- kosten
- bezahlen
- zahlen
- Wie viel kostet das?
- Wie viel muss ich bezahlen?
- der Preis, die Preise
- das Angebot, die Angebote
- günstig, billig
- teuer
- die Kasse, die Kassen
- das Geld
- der Euro
- bestellen
- die Bestellung, die Bestellungen

13 Freizeit

- die Freizeit
- die Ferien (Plural)

- der Urlaub
- Ferien/Urlaub machen
- Ferien/Urlaub haben
- das Meer
  Ich mache gern Urlaub am Meer.
- der See, die Seen
  Wir fahren gern an einen See.
- draußen
  Ich bin gern draußen.
- das Hobby, die Hobbys
- der Sport
  Sport machen
- spielen
  Fußball spielen
- der Ball, die Bälle
- Karten spielen
- Gitarre spielen
- Musik hören
- die Musik
- die CD, die CDs
- wandern
- schwimmen
- das Schwimmbad, die Schwimmbäder
- lesen
- das Buch, die Bücher
- die Zeitung, die Zeitungen
- fernsehen
- tanzen
- das Fest, die Feste
- feiern
- das Geschenk, die Geschenke
- der Computer, die Computer
  Computer spielen
- das Internet
- anklicken
- ins Kino gehen
- das Kino, die Kinos
- einen Film sehen
- der Film, die Filme
- Rad fahren
- spazieren gehen
- die Disco, die Discos
- in die Disco gehen
- das Museum, die Museen
- der Verein, die Vereine
- der Sportverein
- sich anmelden
- die Anmeldung, die Anmeldungen

- gefallen
  Das Buch gefällt mir.
  Die Musik gefällt mir nicht.
- schön
- interessant
- uninteressant
- langweilig
- schlecht
- mögen
  Ich mag Blumen.
- die Karte, die Karten
- die Eintrittskarte, die Eintrittskarten
- das Ticket, die Tickets
- kaufen
- reservieren
- (sich) treffen
- einladen
- die Einladung, die Einladungen
- das Wetter
  Das Wetter ist schlecht.
  Gestern hatten wir gutes Wetter.
- die Sonne
- scheinen
  Die Sonne scheint.
- regnen
  Es regnet schon seit gestern.
- der Regen
- der Wind
  Heute gibt es viel Wind.

14 Post und Bank

- die Post
- der Brief, die Briefe
- die Postkarte, die Postkarten
- schicken
- bekommen
- abholen
- die Briefmarke, die Briefmarken
- der Absender
- der Empfänger
- die Adresse
- das Telefon, die Telefone
- das Handy, die Handys
- das Fax
- die Nummer, die Nummern
- die Telefonnummer, die Telefonnummern

- das Telefonbuch, die Telefon-bücher
- telefonieren
- der Anruf, die Anrufe
- anrufen
- der Anrufbeantworter
- sprechen (mit)
- besetzt
  Die Nummer ist besetzt.
- die Bank, die Banken
- der Schalter
- das Geld
- bar zahlen
- zahlen
- bezahlen
- die Kreditkarte, die Kreditkarten
- das Konto, die Konten
- überweisen
- die Überweisung, die Über-weisungen
  Wir überweisen das Geld auf Ihr Konto.
- das Formular, die Formulare
- ausfüllen
- ankreuzen
- unterschreiben
- die Unterschrift, die Unter-schriften
- der Automat, die Automaten
- der Geldautomat, die Geldauto-maten
- das Internet
- anklicken
- die E-Mail, Mail, die E-Mails, Mails
- der Computer, die Computer
- der Pass, der Reisepass, die Pässe, die Reisepässe
- der Ausweis, die Ausweise
- gültig

15 Beim Arzt

- das Auge, die Augen
- die Hand, die Hände
- der Arm, die Arme
- das Bein, die Beine
- der Kopf
- der Fuß, die Füße
- der Mund
- der Zahn, die Zähne

- die Nase
- das Ohr, die Ohren
- das Haar, die Haare
- der Bauch
- weh tun
- Wie geht es Ihnen / Wie geht es dir?
- Es geht mir gut / schlecht.
- schlafen
- ins Bett gehen
- im Bett liegen
- krank
- das Fieber
- der Arzt, die Ärztin
- der Zahnarzt, die Zahnärztin
- der Doktor
- der Termin, die Termine
- die Apotheke, die Apotheken
- das Medikament, die Medika-mente
- die Praxis
- geöffnet (sein)
- geschlossen (sein)

16 Kleidung

- die Kleidung
- (sich) anziehen
- (sich) ausziehen
- der Pullover, die Pullover
- der Rock, die Röcke
- die Hose, die Hosen
- das Hemd, die Hemden
- der Schuh, die Schuhe
- die Jacke, die Jacken
- der Mantel, die Mäntel
- die Jeans
- die Größe
- die Farbe, die Farben
- schwarz
- weiß
- grau
- rot
- blau
- gelb
- grün
- braun

17 Schule, Arbeit, Beruf

- die Schule, die Schulen
- die Klasse, die Klassen
- der Lehrer, die Lehrer
- die Lehrerin, die Lehrerinnen
- der Schüler, die Schüler
- die Schülerin, die Schülerinnen
- der Unterricht
- der Kurs, die Kurse
- lernen
- lesen
- hören
- sprechen
- schreiben
- ankreuzen
- verstehen
  Ich verstehe das Wort nicht.
- bedeuten
  Was bedeutet das Wort?
- wiederholen
  Können Sie das bitte wieder-holen?
- der Buchstabe, die Buchstaben
- das Wort, die Wörter
- der Satz, die Sätze
- die Pause, die Pausen
- die Hausaufgabe, die Hausauf-gaben
- die Prüfung, die Prüfungen
- die Lösung, die Lösungen
- der Fehler, die Fehler
- die Arbeit
- der Beruf, die Berufe
  Er ist Mechaniker von Beruf.
- der Job, die Jobs
- arbeiten
- der Chef, die Chefs
- die Chefin, die Chefinnen
- der Kollege, die Kollegen
- die Kollegin, die Kolleginnen
- die Firma, die Firmen
- das Büro, die Büros
- arbeitslos
- der Arbeiter, die Arbeiter
- das Praktikum
- die Ausbildung
  eine Ausbildung machen
- der Urlaub

- selbstständig
- die Stelle, die Stellen
- Geld verdienen
- schwer
  eine schwere Arbeit
- leicht
  eine leichte Arbeit
- der Termin, die Termine
- der Arbeitsplatz, die Arbeits-
  plätze
- das Internet
- anklicken
- der Computer, die Computer
- der Drucker, die Drucker
- der Bleistift, die Bleistifte
- der Kugelschreiber, die Kugelschreiber
- das Papier
- der Schreibtisch, die Schreib-
  tische